心靈練習本

可以獨處也可以親密

重塑情感關係的十堂課

黃慧娟◎著

太雅

目錄

出版人序

在獨處時擁有自己，在關係中讓別人做他自己

張芳玲　總編輯

在關係中可以讓別人做他自己的人，一定是個對自己有足夠自信的人。當一個人可以把自己一人的生活照顧好，可以在獨處時，去做他感到充實的事情，心滿意足地享受成果，他就同樣能欣賞別人也有一份自己的獨立，甚至與之交流生命的豐與。

很幸運地，我曾經是黃慧娟老師工作坊的學員。和黃修女成為朋友後，不斷反覆地和她討論我的生命議題，她總是可以靈巧地把我跟她學過的自我察覺、生命回顧、發現模式、修正模式，再帶入我的實際問題，建議我怎樣自我成長。

這本書的每一章，我幾乎會背了。黃慧娟老師深入淺出的教導，實際可操練的作業題，讓我隨著年歲，生命越來越加整合。好多年前，我已經成為一位，跟她一樣，常常自得其樂，生活創意隨手可得，把平凡生活過得有滋有味的人。

愛會發生的。當你信賴自己、活出自己時，跟你在一起的人也可以舒展自己、做他自己。親密不就是從這裡開始嗎？

說得容易，做起來有挑戰。本書十堂課將帶領你走進自己的成長故事，找到自己失落了什麼，然後給成為大人之後的你，一個機會去幫自己修補回來。有時候書內的題目或作業，可能會令你感觸良深，甚至觸景傷情，相信我，這只是過程，繼續向前走，光明在不遠處，你會成為原本就應該成為的你，潛藏在底層的美好生命特質，會變成閃亮的珍珠，而那原本就應該屬於你的。

〔自序〕

重塑情感關係是邁向成熟的課題

黃慧娟

我進修院修道時才二十出頭，之前我的生活非常單純，不管是學生時代或是後來在學校教書，朋友圈總離不開教堂和學校。不曾談過戀愛就進入修道院(當修女)，生命經驗可以說都是在修道院中累積起來的。

相信在大多數人的心目中，修道人是一群不食人間煙火的人，不必為生活操心忙碌，不必為五斗米折腰，也不必交際應酬，又有修道院高高的圍牆保護著，似乎也沒有了人性的七情六慾，簡直是生活在天堂上的一群人。誠然並非如此，人性的掙扎在修道院中並不會減少，特別是人際互動中的情感關係。

不管在人生的哪個階段，我們都體會過對人際交往的渴望、掙扎與衝突。小時候曾因為誰是誰的好朋友而爭吵，誰不跟誰好而難過；青少年以後更常在你情我愛中掙扎，因為戀愛或失戀而心靈交戰，親子間及夫妻間的衝突更時有所聞。只要是人際關係，不管男女、家人、親友、同事、老闆總有一些人際間的困擾存在。

當時我懷著滿腹理想進入修道院，後來的生活挑戰讓我不斷思索：為何懷抱理想要自我奉獻、為人服務的一群人，也會在懷疑、恐懼、擔憂、忌妒、競爭甚至仇恨中浮浮沉沉？明明我們都渴望在人際互動中享有和諧與親密，但為什麼偏偏經驗到的是彼此的傷害多於和諧？人要彼此扶持、彼此合作、彼此關心與彼此付出，為什麼那麼難？

在修院的培育過程中安排了許多心理學課程，培育導師告訴我們：「先要成為一個成熟的人，才能成為一個成熟的基督徒，進而才能修道成為一個奉獻者。」奉獻者就是活出為別人付出生命的人。修院中有許多獨處與祈禱的時間，這是讓我們靜思與沉澱的時間；若沒有這個獨處時間，我們無法走出去與人接觸、與人連結，服務別人、成就別人。

接觸了更多的心理學知識後，我肯定了心理學上常說的一句話：「20歲之前的人生可以怪父母，20歲之後就要怪自己了」。意思是生命必須經過一次大修整，才能將以前父母給的生命變成自己的生命。慶幸修道院的培育讓我比一般人有更多的機會，修正小時候不小心養成的一些不當心態與行為。後來因為有較多的機會陪伴年輕人成長，陪伴中年人走過更年期，陪伴已婚者度過婚姻危機；我發現一個鐵的事實：如果我不先搞好自己，我無法處理人際關係，如果我不先自己成熟，我不但無法在人際間獲得親密關係，反而在其間越來越失去自己。

兩個人叫「彼此」，兩人關係必須在相互給予、相互奉獻中建立歸屬關係，而深刻的情感歸屬讓我們有能力自我實現，猶如心理學家馬斯洛在需求理論中說：人有五個基本需求，第四個是歸屬需求，必須先滿足歸屬需求之後，才能更上層樓，進入第五個需求—自我實現需求。

讓自己有機會回顧過去的生命經驗，調整自己的信念、心態、情緒與行為，一步步走向成熟與完整，充分且堅定地活出屬於自己的生命，在獨處時享受自己生命的喜悅與豐富；當我們自覺豐富時，才能走出去與人建立親密關係、與人歸屬，在深刻的情感歸屬中彼此給予與彼此豐富，這時生命才顯得珍貴而有價值。

前言

渴望獨處、也渴望親密

去發現你成長過程中，學會的人際互動模式，

並有目標地修整，才能發展出親密的兩人關係。

人都渴望將心安放在一段情感歸屬中，
不一定是婚姻，而是以各種形式呈現，
唯有自我內心先成熟滿足了，享受獨處時間，
才能擁有收受得宜且真誠的情感關係。

愛情故事不只是發生在銀幕上，情感關係是人性中最深的渴望；人人都需要伴侶，人不能離群而居。聖經記載：「人單獨不好，我要給他造個與他相稱的幫助者⋯」，而當人看到了天主給他的伴侶時驚嘆地說：「這是我的骨中之骨，肉中之肉」。如同知音相遇既驚又喜的激動，將人找尋深刻情感歸屬的渴望表露無遺。

不管何人，只要一早睜開眼睛到晚上闔眼睡覺，幾乎無時無刻都在人際互動中度過，中國文化中的五倫─父子有親，君臣有義，夫婦有別，長幼有序，朋友有信，強調的就是人際關係。

伴侶有一種相互扶持、彼此為伴的關係，有一種相得益彰、彼此豐富的意涵，更有一種永結同盟、彼此承諾的使命。我們一直以「牽手」來形容夫妻在婚姻中的親密關係，實在很貼切也很美。

現代社會已經不再認為男大當婚女大當嫁，當婚嫁不再是必須，不婚不嫁也不再是遺憾時，他們內心深處就沒有一個尋找情感歸屬的渴望嗎？逐漸增多的不婚族或是離婚鰥寡者，又如何在婚姻形式之外找到屬於自己的親密情感生活，為自己的情感找個落腳之處呢？其實婚姻中的兩人也不見得每對都有彼此相屬的深刻情感，形同陌路的比比皆是。

找一個懂你的人將心安放

目前社會已然將「單身」形成一種新文化，由於教育的提高、觀念的開放、自由的追求、職業的穩定、經濟的獨立、休閒的觀念等等，諸多理由都讓人不再以結婚生子為人生的使命與責任。

當今整個社會的型態讓「單身」成為相當普遍的生活方式，不只未婚單身、離婚單身或喪偶單身，即便結婚的兩人也常常因為工作忙碌，或因工作相隔兩地，而形同單身。如果說我們的情感生活必須找到一個歸屬、一個落腳之處，那麼單身而有親密的情感生活可以是什麼樣的形式呢？

現代人相較以往，真的很容易讓自己生活得非常自由、豐富、多采多姿；但無論如何，對深厚、真摯、親密的情感歸屬仍有著深深地渴望。尋尋覓覓，直到找到那屬於自己獨特而深刻的情感歸屬，才能讓漂泊的心定錨，讓生命綻放光芒。

馬斯洛提到的歸屬需求，其實就是一個把心安放的需求，我們一直都在找尋「心寄何處、情歸何方」？在生命的每個階段我們都在找尋，幼兒的安撫玩具、小時候的玩伴、上學後的死黨、可以促膝交談的密友、攜手合作的工作夥伴、共同理想與目標的追求者，在不同的生命階段我們都在以不同的形式將心安放，安放在深深的情感關係中。

我越來越肯定婚姻絕對不是情感歸屬的唯一選項，海誓山盟的夫妻、誠摯的同性密友、相知相惜的夥伴、天主教更有一群徹底獻身於教會的修道人，都可以讓他們在自己的情感關係上有了深刻的、核心的歸屬。

從網路上看到一則故事：有一個人為了裝修家裡，拆開了牆壁，發現一隻壁虎被一根釘子釘住了腿。天呀！那根釘子一定是十年前蓋房子的時候釘上的。那壁虎竟困在牆壁裡整整十年！他繼而尋思，動彈不得的壁虎到底靠什麼撐過了這十年？於是他暫停了工程想一探究竟。過了不久，旁邊鑽出了另一隻壁虎，嘴裡含著食物……。啊！他一時愣住了，為了這隻被釘住的壁虎，另一隻壁虎竟然十年的歲月不停地銜取食物餵牠。我看完文章後很感動，姑且不必探究牠們之間是親子、夫妻、朋友、還是手足，因為無論哪一種關係，促使這樣的行為都令人動容。

當內心成熟滿足時，愛自然會發生

瑞士心理學家保羅涂聶爾(Paul Tournier)說：「一個人想要在這個世界獲得充分而自由的發展，想要覓得並享受充實而美麗的人生，至少非要有一個真正了解他的人不可」，又說：「必須先對一位可信賴的知己絕對地坦承開放，一個人才能清清楚楚地看清自己」。所以找到知己、伴侶是一個人生命成長與發展的重要關鍵。而印度心靈大師奧修(Osho)卻說：「在你根本不需要另一個人時，在你完全地滿足於自己時，在你能夠獨處而覺得快樂無比時，愛才有可能發生」。

綜合兩位大師的意思是：找到一個可以彼此分享生命的人，才能感受到生命的愉快與豐富；然而只有當一個人在獨處時能感受到自我的成熟、豐富、滿足時，才能因著彼此的分享與付出而經驗到親密關係的美好與豐富，進而產生深刻的情感歸屬。因為一個感到內心空虛、缺乏的人，在人際關係中想到的只是如何獲得，而不是給予；不是過於依賴別人就是利用別人來滿足自己的需求，物質和心靈上的需求；這樣的人怎能對別人表達關愛與尊重，他是無法建立真誠的情感關係的。

小時候養成的情感模式需要修整

人際關係天天都在發生，這不是非常日常與平常的活動嗎？但我們卻總是在人際間感到困難、挫折與挑戰。有時在人際間過於活動與興奮，反而只專注在活動中而無法真實地陪伴在他人身邊，有時與人在一起時總覺得被利用、被忽略，或者被誤解，因而對人際交往更加退縮，但心靈深處依稀有一種「心寄何處、情歸何方」的渴望在燃燒。

「幸福家庭皆一般，不幸家庭千百樣」，我們每個人在成長過程中難免受到傷害，每個人都有自己受傷的故事，雖然絕大部分都是父母的無心之過，對我們的傷害可大可小，但都影響了我們的成長與發展，特別在情感發展方面。

本書提出影響情感發展的六大面向(一到六章)：失去的活力、潛存意象、依附關係、社會化過程、自我的異性特質及性的認知與感受。讓我們一一檢視個人在情感關係六大面向中的表現，了解自己到底在哪個面向出了問題，也學習修整的方法。

引用聖經上的一句話：「一切深谷要填滿，一切山陵要剷平，崎嶇的要闢成坦途」，當我們把自我生命中的一切經驗填滿、剷平、修直，做一番修整(第七章)之後，就要養成獨處的習慣，學習自我豐富的方法(第八章)；學會與自己深刻的歸屬，能夠獨處而覺得快樂無比之後，我們就要學習發展出與人親密的能力(第九章)，與人建立親密的情感關係，滿足人性的歸屬需求，以彼此服務、彼此豐富的態度來展開我們的情感交往，找到可以全然委身、為此而生、為此而死的一個人、一群人、一個理想、一個志業，或者回過頭來委身於自己的原生家庭，甚至成為自己的最佳伴侶，讓那顆漂泊的心可以安全定錨，讓我們自信地把自己當禮物給出去，成為別人的祝福。

本書的材料原本是為了工作坊而設計的，除了講解一些理論基礎之外，設計了一些自我探索的題目，學員們自己必須認真做過題目，再以團體互動的方式彼此分享，逐一探討影響情感發展的不同面向，發掘個人引發人際困難的因素，學習修整的方法，積極處理過去的情感傷害，期能修整自己成為一個嶄新的人，繼續下一個美好人生。現在也以工作坊的形式寫成書，建議讀者看完理論之後，要忠實地做完自我探索，再去看看學員的心得分享，從中得益。

當你能了解自己了，才知道如何選擇一個也能了解自己的他(她)，兩人才能彼此扶持在成長過程中努力與蛻變，並與你白首偕老。

自我探索時間

在課程之初，請你描述一下自己：現在你覺得你是一個怎樣的人。

除了書寫，也可以畫一個代表你的圖像、人物、動物、植物、或任何物體。等課程結束之後再對照，看看有沒有什麼改變。

第一章

找回失落的自我活力

活力其實就在我自己身上，只是成長過程中遺失了，

自信的火焰必須自己點燃，不是向外尋求。

只要想辦法讓自己活得越真實，就能使自己越有活力。

看看哪個小孩不是充滿活力與喜悅的？回憶一下，我們都曾經活力充沛，並有恃無恐地盡情抒發。但在成長過程中，有許多現實讓我們無可避免地受傷，例如父母的疏忽、奶瓶不是太燙就是太冷、聲音刺耳、擁抱不夠、小妹妹出世得太早、大哥哥總是搶走我的玩具等；我們開始因這樣的現實而感到恐懼、難過、失望、受傷，以至內心的活力漸漸流失。如果人感受不到活力，便覺得好像失去生命力般的空虛頹喪，於是我們找事做、狂買東西、吸毒酗酒、劇烈運動、大聲放音樂、沉溺性關係等等，為的只是想找到能刺激生命跳躍、喜悅與豐富的感覺。其實，我們汲汲營營的都是為了找回失落的自我、久違的活力。

人際間的情感關係，使我們記起了互相結合的美好和久違的喜悅，我們將喚起的這美好感覺與愛的對象聯想在一起，如同從前我們把父母和喜悅及活力聯想在一起一樣。其實，這只是純屬巧合，在我們出生和成長時，也就是在我們充滿喜悅與活力的時候，父母(或照顧者)都恰好在場而已。愛的對象在過去是父母，現在則是情人或好朋友。其實父母或現在的情人並不是那些活力的來源，我們本身就是充滿喜悅與活力的，只因為童年時期由於照顧疏忽所造成的創傷而慢慢流失而已，這個失去的空缺，我們常誤以為需要藉由外界的人事物來幫我們填滿，其實童年沒得到的現在也沒有人能給你，透過別人拼湊自己的人生是緣木求魚，別人不是那一塊你遺失的拼圖，頂多他可以幫你一起找回失物。只要想辦法讓自己活得越真實，就能使自己越有活力。

活力，別人不能給你，頂多只是激發出你內在原有的活力

其實尋找活力、尋找喜悅是人的本質，只是碰巧我們表現活力的時候就是父母在場的時候，又不幸在成長過程中因為父母(保姆)的疏於照顧所產生的創傷，再次因為父母而使活力逐漸消失。當有一天碰上了一個人，他無以言喻地吸引著我，其實就是從他身上感受到自己冬眠

已久的活力，整個人因此活躍起來，重新感受到完整的自我。因而承諾的兩人關係是可以帶領我們回到原有的喜悅、活力與合一的境地的、穩定的情感關係，類似小時候與父母的關係，是可以幫助我們走完這趟療癒路程的力量，雖然說自己的活力自己給，雖然說每個人都是獨立的個體，但我們也同時擁有著交流與融合的特質，找尋並維持深刻的情感關係並不只是浪漫的幻想，它是生命完整的關鍵，唯有敞開心胸去愛、愛得深摯而長久，才能使人重獲原始的活力與喜悅，這個深刻關係不會只在婚姻中出現，同伴、同學、同事，親朋好友都可以發展真摯而誠懇的情誼，在這情誼中展現我們的生命活力與喜悅。這種彼此吸引、彼此互補及彼此相愛的感覺，說穿了，其實只是他重新激發了你的生命活力而已，並不是他給你活力。

問問自己為何被某些特質吸引，如何在自己身上發展出來

這就是為什麼彼此吸引的感覺會漸漸成了怨懟，因為我們成長過程中的受傷經驗，也會在重獲活力的同時再次被喚醒。例如一位家教嚴謹的女性遇到一位活潑外向的男性，她內在的活

潑個性被喚醒，但同時也勾起小時候的記憶：「女孩子應該文靜不可嬉鬧」的警告聲不斷衝撞著她呼之欲出的活潑個性，漸漸的她自己內在的矛盾拉扯轉而變成對他的活潑好動產生憤怒。因此吸引你、且喚醒你內在真實自我的人，正在把你逼到安全邊緣之外，於是你開始攻擊伴侶，這些最初吸引你的部分，到了最後卻會叫你在痛苦中掙扎。所以被吸引的事情發生後，就要不斷地問自己：我為什麼被吸引？他吸引我的是什麼？我如何在我自己身上慢慢地發展出來這個特質？這樣，這個情感關係就是一個很好的機會，將我們緩緩帶入一段療癒與發展的過程中。雖然說自己的活力自己給，但活力與喜悅必須在人際互動中表現，把握一個穩定的情感關係是重要的因素。

自我探索時間

探索一、看看我的活力強度

從4到1寫下你對自己的活力感覺如何，4總是，3經常，2偶爾，1從未。

□ 1. 我一覺醒來時感覺睡眠充足
□ 2. 我感到滿足
□ 3. 我喜歡思索
□ 4. 我享受一頓佳餚
□ 5. 我開口常笑
□ 6. 我注意到內在躍動的能量
□ 7. 我的生活常有變化
□ 8. 一些小事都能讓我快樂
□ 9. 我會不自覺地哼哼唱唱
□ 10. 我喜歡閱讀或學習
□ 11. 顏色在我看來都亮麗鮮明
□ 12. 我喜歡細細品嘗入口的食物
□ 13. 我感覺到輕鬆
□ 14. 我喜歡找事做
□ 15. 我喜歡運動
□ 16. 我會體察自己的情緒

□ 17.我開懷大笑

□ 18.我有源源不絕的靈感

□ 19.我記憶力很好

□ 20我活在現實中

□ 21.音樂給我快感

□ 22.我會進入渾然忘我的境界

□ 23.面對「性」，我坦然自在

□ 24.我對許多事情都感興趣

□ 25.我覺得人生很有意義

把分數加起來滿分是100，75～100，活力高；40～75，中等；40以下，你的生命能量受到限制。

【寫下你的自我探索】

描述一下此時此刻自己對生命活力的感受：

探索二、腦力激盪

【寫下你的自我探索】

形容一下充滿活力、有活力而沒目標及沒有活力的人。

探索三、找出一項可以讓自己展現熱情與活力的具體事件

回憶一下，小時候什麼遊戲讓我愛不釋手？成人之後哪些工作、學科、家務等讓我樂此不疲？哪些事情一直想做而沒做？蠢蠢欲動的心是生命活力湧現的記號，這些生命的美妙動能我要如何獨立經營或者邀請人一起完成？今天就找出一個可以讓自己充滿活力的事情做。

【寫下你的自我探索】

探索四、找出我想要發展的特質

光找出可以發展的一項特質就足以讓人感到活力充沛，如能再把它發展出來，過程中可以展現的活力就更不在話下了。你曾經欣賞過某人的某個特質嗎？這是一條找到自己特質的好線索。

【寫下你的自我探索】

我欣賞同伴的特質是什麼？例如：果斷。

【寫下你的自我探索】

這些特質帶給我什麼積極感受？例如：做事明快、俐落、有效率。

【寫下你的自我探索】

要發展這些特質，我可以如何與擁有這些特質的同伴一起經營？例如：常與他一起工作，觀察他做決定的過程，請教他如何做決定。或者我也可以獨立經營，例如：常以同伴為典範，試著自己勇敢地做決定。

探索五、明天開始我要……

光是做了決定就能使自己活躍起來！若是缺乏熱忱，沒有動力，找不到引起自己或他人讚嘆的東西，就是因為缺乏想望，缺乏想望會讓時空靜止，保持空無，所以現在就下個決定吧！每天找到一件讓自己感到快樂的事，每天感謝一下自己，讓自己天天都有些期待，等等。

舉例：如果我想去看電影，我會認真注意現在有什麼電影正在上演？是什麼劇情？哪部電影較吸引我？我可以邀請誰與我一起去看？什麼時間較合適？……就這麼簡單的一件事已經讓我雀躍不已。再加上出門前的準備、途中發生的事情、看完之後的分享……光是「想要」就能為我平淡的生活注入或多或少的熱情與活力，「想要」幫我們找到一個啟程、一個轉化。

【寫下你的自我探索】

明天開始我要：

探索六：默想自己生命躍動的情境

【寫下你的自我探索】

撥出一點時間、安靜下來，想起一件讓生命躍動的情境，把注意力放在感受上，感覺自己生命的躍動與活力。

學員分享時間

一、形容一個人的活力表現

將學員分享的內容彙整如下：

有活力的人：積極、樂觀、陽光、熱情、自信、溫暖、有希望、有創意、有思想、有吸引力、有趣、會帶動氣氛。

有活力沒目標：過動兒、花蝴蝶、毛毛躁躁、無頭蒼蠅、窮忙、雞婆、虎頭蛇尾。

沒活力的人：死氣沉沉、漠不關心、懶散、被動、無趣、消極、自卑、行屍走肉、垂頭喪氣、愛抱怨、沒效率。

二、找出讓自己覺得有活力的事情：

將學員分享的內容彙整如下：

做家事、完成目標、冒險、突破、旅行、讀一本好書、看聖經、祈禱、唱聖歌、整理東西、運動、挑戰性遊戲、田間玩泥巴、烹煮、畫畫、玩樂器、自己發呆、做一件不一樣的事、悠閒地喝一杯咖啡、與好友相聚、想盡辦法把事情做好、服務人、被需要、大家一起完成一件事、每天都要製造機會讓自己開懷大笑。

三、找出我想要發展的特質：

學員A 發展我的音樂天分。小時候沒有錢學，長大後只要有機會我就去學樂器，很多樂器我都學，但都不精，現在有時間了，我要好好把曼陀鈴學好。

學員B 看到人家很有領導能力，待人處事態度溫和，我很喜歡。慧娟老師說會欣賞別人的特質，其實也代表自己有這份特質。現在我要多多與他們接觸，學習他們，希望有一天我也能發展出我的領導能力。

學員C 很羨慕別人可以廢物利用，化腐朽為神奇，記得我小時候也常常喜歡拼裝東西。目前我喜歡種小盆栽，現在我要利用時間發展我的創造力，動手組合盆栽，展現我的創造力。

學員D 先生走了之後我一直都覺得很空虛，但我不知道要發展什麼特質可以彌補空虛？慧娟老師要我回想一下以前跟先生在一起都在做什麼，我才想到以前常常有朋友到家裡泡茶聊天；原來我喜歡人群，現在我要發展這個特質，常常去找朋友，特別是需要關懷的朋友，一方面可以滿足我喜歡人群的特質，一方面也可以關懷一些需要照顧的人。

四、明天開始我要……

學員A 明天開始我要好好吃三餐，享受食物帶給我的喜悅。

學員B 明天開始我要去拜訪獨居老人，為他們服務。
學員C 明天開始我要找機會發揮我的想像力。
學員D 明天開始我要早點休息，好好照顧自己的身體。
學員E 明天開始我要保養自己，把自己弄得美美的，準備結婚。
學員F 明天開始我要好好的整理自己的情緒，多多練習自我察覺。

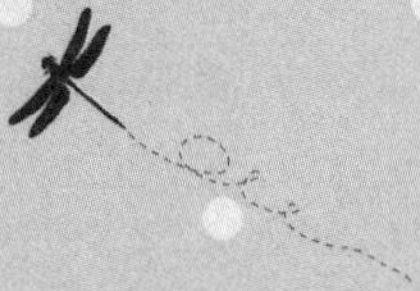

第二章

潛存意象

在情感關係中，人都在找尋熟悉、被吸引的影子，

這個影子就是在成長過程中留下來的潛存意象。

如果你已結束了一段關係，就不要急於再次建立關係，好好把握獨處的時間，設法讓自己改變，否則絕對會重蹈覆轍。

殷殷(化名)自述：「我是由單親媽媽帶大的獨生女，生活周遭也都是女人，從小吸引我目光的總是男人的特質及男性化的事與物，當我開始談戀愛時，吸引我的幾乎都是年紀較大的男人，在每一段的關係中我都索求無度，又極度沒有安全感，極度猜疑，一再要求保證愛我，無論他為我付出多少，我都覺得不滿足，還不斷考驗他對我的愛，幾個男人都說我無理取鬧。後來我才知道，我試圖在男人身上尋找小時候錯失的父愛，我的索求無度、一再要求承諾，是因為極度害怕再失去一個愛我的男人。每一段關係的結束總是讓我柔腸寸斷，久久難以平復，但又無法克制地快速進入另一段情感關係，周而復始，卻每況愈下。」

不要將自己的內在需求投射在他人身上

固然人人都需要在情感關係中獲得生命的圓滿，但許多人執著於某種類型的人與愛情幻想中，一旦遇見了吻合自己心中憧憬圖像的人就被吸引，這叫做「潛存意象」，佛洛伊德稱這個現象為「重複的衝動」（repetition compulsion）：老是選擇某種類型的人，以便重複著童年的經歷，試圖解決從小至今懸而未決的課題。被過度保護的人，會選擇可以黏膩在一起的人；小時候被忽略的人，只要有人稍為對你示愛，就會強烈地被吸引；缺乏自我存在感、沒自信的人，會找尋有財富、權利、地位的人；還有些人會被與前男友相似的人再度吸引，以彌補上次失去的痛苦。人們受潛存意象牽引，找尋非常熟悉的影子，用以彌補成長過程中所造成的心理傷害，感覺上是被對方吸引，其實是把自己內在的需求、欲望投射到此人身上，但對方並不一定能滿足你內在的需求，因此隨著兩人差異逐漸凸顯，摩擦也就不斷發生，使得兩人關係充滿了要求、疑惑、衝突與悲哀。所以，如果你已結束了一段關係，就不要急於再次建立新的關係；好好把握獨處的時間，認真思索造成分手的原因，設法讓自己改變，否則絕對會重蹈覆轍。

我們都以為自己是憑自由意志談戀愛、選擇伴侶、交朋友，其實背後卻是受潛存意象操縱。與我們父母有類似優、缺點的人，是我們不自覺尋找的化身，潛意識裡以為他可以彌補那些童年時期無法滿足的需求。例如一個女性不自覺地和一個像她父親的男人在一起，其實是想解決她和父親之間未完成的課題。美國匿名戒酒協會流傳著一個故事：有一個父親是酒鬼、自己也酗酒的女人，走進一個人群聚集的會場，她會一眼望見一位酒鬼並且不自覺地走過去，好似沒有其他人存在一樣。

「潛存意象」的作用是這樣的：

不自覺地找一個與照顧者雷同的伴侶 ←

用兒時同樣不成熟的態度與他相處 ←

盼望獲得童年無法從父母身上得到的關愛 ←

發現伴侶像父母一樣令我們失望 ←

再次揭開童年的失落與創傷

←再度用兒時非常習慣而不成熟的方式回應解決問題

←使伴侶覺得你無可理喻、無法理解↓從此衝突不斷。

以下是一位學員活生生的例子，完全呈現了「潛存意象」的作用：

我的父親是隻身來台的職業軍人，母親是後山的原住民，我在後山長大，父親脾氣暴躁，對我們的管教非常嚴格。父親由部隊回來的日子，全家人都繃緊了神經，甚至整個部落的人也都對他敬畏三分。母親在父親面前總是唯唯諾諾，半句話都不敢多吭（這是我一直瞧不起母親的地方），與父親不在時那活潑好動、充滿喜感的情況簡直判若兩人。我念到專四的時候，不顧父親的極力反對，毅然地放棄學業嫁給前夫（不自覺地找一個與照顧者雷同的伴侶），結婚初期也真如幼兒般以小鳥依人的姿態享受在前夫溫柔的關愛中（用兒時同樣不成熟的態度與他相處，盼望獲得童年無法從父母身上得到的關愛），隨著小孩相繼出生，他因為生活壓力加重，加上工作不順，脾氣開始變得暴躁，簡直就是父親的翻版（發現伴侶像父母一樣令我們失望，再次揭開童年的失落與創傷），小時候對父親懼怕與逃避的情緒，重新回到我的言行舉止上（再度用兒時非常習慣而不成熟的方式回應），前夫的謾罵數落，加上婆婆的嘮叨批評，讓我越來越不知所措，我越在他們面前唯唯諾諾，他們就越得寸進尺（伴侶無法理解你），後來因為他情緒乖戾無法工作，閒置在家更對我暴力相向（從此衝突不斷），直到一向護著我的公公去世，小兒子念大學之後，我毅然決然地提出離婚。

其實是潛存意象在幫你尋找對象

愛是一個旅程，不是結果，情感需要時間培養。只有時間能看出一個人的生活習慣、價值觀、解決問題的能力、處事態度、興趣喜好等，在沒有了解彼此之前，無法產生真愛，互信、互諒、互愛。人際交往要慢慢展開，順其自然地聊一聊家庭史、愛情史、工作史，以及未來展望等。一見鍾情、一見如故、一拍即合、馬上被吸引等，這些令人神魂顛倒的「有感覺」或「很來電」都不是真愛，只是遇見「潛存意象」裡的人而產生的感覺罷了。經過現實的磨合後，那個很來電、很有感覺、很被吸引的對象，很快地就令我們生氣、挑剔、失望，怪他們不能滿足、不符合我們的需求，不能維持我們的快樂與活力，但同時又依附他們，希望他們仍會設法做到，因為小時候的我們就是這樣期待父母的。

在情感關係中，任何未經修整的特質、潛在渴望，都很容易地投射給對方，並成為伴侶間衝突的來源，除非自己改變，否則問題仍然存在。前面例子中的那位學員，每次在前夫面前唯唯諾諾時，心中就隱隱作痛，沒想到她最恨母親的特質，現在竟在自己身上呈現，但她無法找到更好的回應方式，只能不停責怪前夫害她不得不唯唯諾諾。當她來找我時，我幫她為自己找到自信心，幫她找到自我存在感，現在她可以勇敢表達自己的立場，也可以適度表達關心與順從，她已將自己唯唯諾諾的特質修整了，不再將自己的這個特質投射給對方。

除非自己變得健康成熟，否則找不到健康成熟的另一半

我們常常以為感情一有問題，只要換個伴侶就沒事，其實不然，每次換來的還是同樣「潛

存意象」裡的伴侶，同樣的問題再次浮現，兩人衝突仍然持續發生。所以在建立情感關係之前，一方面要試著與「成年的我」連結，以成人的能量培養敏感度與洞察力，為自己找到帶來滿足、活力與喜悅的生活方式，一方面還要不斷地探索自己內心深處的缺洞，知道自己受「潛存意象」所影響的地方在哪裡。

潛存意象不是絕對的不好。每個人在成長過程中難免受傷，因為父母在照顧的過程中難免有些閃失，若父母教養得宜、受傷經驗不大，我們從父母得來的「潛存意象」就會較積極正面，以這樣的「潛存意象」找到的對象也能幸福美滿。例如我愛動手創作，因為從小我看到父母親常常親手做東西，修修補補，完成好多事情，節省好多花費，因此勤勞、節省的人會獲得我的青睞。

每一段情感都可讓你更多認識、探索自己

總之，我們現在的行為模式，一定是在成長過程中受父母教養方式影響而形成，一時之間

追究不出影響的原因，但也已經不重要，因為已經過去了，重要的是要發覺自己目前一再重複的行為模式，正面的就更積極地去發展它，較負面的就想辦法修正，不再受它影響。因此，不要急於結束一段情感，與其放棄配偶(好朋友)讓自我問題繼續留著，還不如守住配偶來解決問題。離婚(分開)絕非解決之道，離婚可以讓人擺脫不愉快婚姻，卻不保證可以重回快樂的單身族，或找到下一個理想的婚姻，反而說不定從此自暴自棄。我們可以留住這段情感關係，作為探討自己、修正自己的媒介。

每段情感關係都從愛和希望開始的，如果我們視每一段感情為上天恩賜的禮物與功課，以開放的心胸接納這段情感要教導我們的一切，客觀地從每一段情感關係中體察兩人關係，發現問題和失望的原因，這將是調整腳步、轉化自己的契機。卸防、破冰、鬆動等都是轉化自己的辦法，就是不斷告訴自己：我不需要再這樣反應，我可以嘗試用不同的方式做回應。

自我探索時間

探索一、認識自己的潛存意象

心理學家榮格說：「被遺忘的，往往是人生中最重要的部分。」仔細地回頭去看、去想，試著從每一段較深刻的情感關係中找出不斷重複的特質，試著發現自己的潛存意象。

你要探索的對象盡量由自己選擇，若像是血緣或同事，看似並非自己可以選擇，但可以盡量從自由選擇的角度去探索，例如爸爸和媽媽不是我選擇的，但找媽媽去爬山，碰到問題時就找爸爸，這便是自己的選擇。我不能選擇同事，但可以選擇跟這位同事合作而不選另一位。

下列先列舉兩個人的例子，作為探索題1與題2時的參考：

舉例：

姓名	發現他的優點	發現他的缺點	發現我的優點	發現我的缺點
吳XX	瞻前顧後、注意小細節、熱心幫忙	堅持己見、囉嗦	合作、順她	不耐煩
趙XX	像母親一樣照顧人、很會做家事	情緒化、生悶氣、好批評	學習她、溫順、信任	生悶氣

題1.

列出幾段戀情(令你思戀、著迷、傾心、被吸引的對象)。

【寫下你的自我探索】

姓名	發現他的優點	發現他的缺點	發現我的優點	發現我的缺點

題2.

列出幾段較深刻的情感關係，例如：朋友、師長、權威人士、合作夥伴等。

【寫下你的自我探索】

姓名	發現他的優點	發現他的缺點	發現我的優點	發現我的缺點

題3.

從題1及題2中找出重複最多的優點（例如：照顧人、熱心、勤勞、溫順、信任人）及缺點（例如：生悶氣、愛批評、囉嗦、堅持己見）。不必分我的或他的。其實優缺點是非常主觀的感受，是我自己的潛存意象牽著我去喜歡或不喜歡。例如：甲被乙的果斷特質吸引，卻被丙排斥。所以不管吸引我或我排斥的特質都與他無關，卻與我的潛存意象有關。了解了自己在情感關係中不斷重複的優點與缺點，就不再被這個潛存意象牽著鼻子走。

【寫下你的自我探索】

重複最多的優點

重複最多的缺點

探索二、找出我在情感關係中不斷受潛存意象牽動的互動模式

在探索一，我們試著找出在情感關係中我或他的個人特質，現在我們來探索在情感關係中受潛存意象牽動的互動模式。

	舉例1	舉例2
事件	我提出的意見不被接受	自己把事情做錯了
感覺	不被接受、失落、挫折	羞愧、覺得自己很差勁

想法	明明我是對的	我不應該錯
反應	生氣、一直解釋、試圖說服	掩飾、硬拗
恐懼	不能如期完成事情	怕丟臉
期望	他能接受我的意見	希望別人說我好

【寫下你的自我探索】

	事件1	事件2	事件3
事件			
感覺			
想法			
反應			
恐懼			
期望			

探索三、歸納出我的互動模式

運用前面探索出來的資料完成下列句子，歸納出我在人際關係中常出現的互動模式：

1. 通常比較吸引我的人是較勤勞的人。
2. 和這類型的人在一起我感到的積極情緒是被照顧，有安全感。
3. 和這類型的人在一起我感到的消極情緒是被控制，以為我做不好。
4. 因為他做出令我難過的事，如：堅持己見，搶我的工作。
5. 我希望此人能是：做事之前跟我商量，讓我做我想做的事。
6. 如此我就能很愉快地跟他合作。
7. 如果這些願望不能滿足，我覺得很挫折、很生氣，覺得自己不夠好。
8. 因而我會生悶氣、消極抵抗。
9. 深怕我自己不如人。

【寫下你的自我探索】

1. 通常比較吸引我的人是
2. 和這類型的人在一起我感到的積極情緒是
3. 和這類型的人在一起我感到的消極情緒是
4. 因為他做出令我難過的事，如：
5. 我希望此人能是：
6. 如此我就能
7. 如果這些願望不能滿足，我覺得
8. 因而我會
9. 深怕

學員分享時間

回顧一下本章的主題說明，以及自己做完上面的三個活動之後，總括來說，「我的潛存意象」塑造了我不斷重複的行為模式是什麼？影響因素又是什麼？

學員A 有一天冷不防地被同學說：「XXX，妳不要老是裝可憐樣，要別人同情好不好？」這句話讓我抓狂，還忿忿地爭辯很久，慢慢的，思緒帶我重回往事：國小時因父母忙著做生意，我被迫早熟，成為一個小大人，嚴格要求自己乖巧懂事、承擔家事、照顧弟妹。國中時的一場大火燒掉了父親苦心經營的工廠，也燒掉了我們一家的生計，從此父親一蹶不振，常常自怨自艾，動則大怒，要不怪東怪西，總有理由為自己的頹廢找到藉口。我實在對父親那付裝可憐的樣子厭惡至極。而今天我竟然複製了我最瞧不起父親的這一部分，情何以堪呀！

學員B 母親好似一個沒有長大的小女孩，與我兩個像是父親的掌上明珠，對父親都非常順服，享受在父親的安排之中，家中一切都由父親打理，母親不但不會理家、還經常出去串門子。結婚後我也常常以先生的意見為意見，先生卻常常怪我不顧家，不主動，我一直無法理解，認為他無理要求，哪件家事我沒做好呢？原來他感受到的是我的心不在焉，猶如母親對家心不在焉一樣。

學員C 我一輩子就是跟先生吵吵鬧鬧，他每次下班回來吃過飯就又匆匆出去找朋友聊天喝酒，我每次都會很生氣、悲傷，吵著要跟他出去，他常說我心裡有病，我也不知道當時我為什麼那麼執著，依賴心那麼重。我覺得我這麼辛苦工作，你怎麼不對我好一點，在家陪我。我察覺到我是一個沒有安全感的人，渴望被愛，期待對方來滿足我，原來是小時候家裡窮，阿嬤把我帶大，父母忙著賺錢養家，對我們缺乏關心照顧，我悟到了是這個原因之後，我學會了尊重對方，也自己努力充實自己、找到興趣，不再眼巴巴地盼望他來陪我。

學員D 我看到過去的我，太敏感、過分注重小細節、個性太急、常常插話、囉嗦，愛他太多而有點控制他的意味。我現在知道衝突都來自自己，我簡直就是我母親的翻版，我會學習調整自己，不再怪別人，試著在兩人的互動中找到平衡點。

學員E 我無法接受別人的批評，一點點都不行，別人稍微嫌我一下或一個眼神都會讓我抓狂。以前父親管我們非常嚴格，有一點錯就大聲罵我們，現在我做任何事情都戰戰兢兢，怕錯、怕被罵、被批評，活得很有壓力。如今我知道我的情緒太強烈，常常反應過度，是我自己的問題，與他人或事件本身沒有關係。今後我要多多練習增加自我存在感，多給自己自信心，就不會輕易受別人的影響。

學員F 以前家裡很窮，常常在欠錢、借錢中過日子，也常常為了錢吵架，學費常常欠繳，讓我覺得很丟臉。父母很節儉，東西常常修修補補，用到不能再用。我完全承接了這些習性，從小立志要做一個少用錢的人，用錢讓我有罪惡感。這個潛存意象影響了我一輩子，影響了我的交友與家庭，也影響了我教養子女。

學員G 慧娟老師說到酒鬼會找到酒鬼，我很有感受，我自己在父親嚴厲管教下成長，偏偏又嫁了一個家暴的老公，我在五專四年級時，被前夫的甜言蜜語吸引，馬上進入熱戀，很快地毅然放棄學業，不顧父親的極力反對而結婚，當時我以為可以脫離嚴父，投入老公溫暖的懷抱，沒想到我竟然嫁了一個比父親更嚴厲卻沒有父親親情的前夫。前夫對我常常大呼小叫，拳打腳踢，婆婆對我也是極盡苛薄，冷眼冷語。妯娌都受不了婆婆的挑剔而搬離老家，只有我留在身邊，原因是內在一直有個聲音不斷告訴我：「我不能拒絕別人」、「我不希望傷害別人」、「別人可能生我的氣」、「他們需要我」、「我不能丟下他們不管」、「我這樣做會忽略小孩」、「如果我不在，情況會更糟糕」。因此20多年來我忍氣吞聲，逆來順受，不知反抗，還能無怨無悔。如今才知道：小時候在家或如今在婆家，只要我為自己發聲，會惹來更糟的下場，因此我養成了懦弱的個性。直到社工介入，把我安置在庇護所，我還一直覺得我不應該離家出走。現在上了課才知道我可以選擇勇敢做我自己，而不必有罪惡感。

第三章

童年時的依附需求

依附模式在一歲半就養成，並伴隨我們一生，
若依附需求受到創傷，將影響人際情感關係。

如果沒有發展出安全的依附模式，
不能與人產生適當的情感連結，
那麼再多的物質也無法滿足人心。

安全的依附關係有助未來的情感連結

出生時的分離經驗讓嬰兒貪婪地尋求接觸，母親(照顧者)的擁抱與餵奶，可以填補分離所造成的鴻溝，因此「依附」成為人類的第一個需求，人類的成長期相當長，在還未學會基本生活能力之前都要依附別人。依附關係不是建立在血緣上，而是建立在與重要的人互動上，據研究顯示，小孩會與四個重要他人建立依附關係，根據與他互動的深淺度排序，不會有第五個。依附模式基本上在1歲半之前就已建立，而終其一生都不太會改變，所以它成為長大後與人建立情感關係的重要力量，而且以後面對人生的甘苦、解決問題等都以此為基礎。若是父母親或照顧者長期忽略孩子的生理需求或情緒需求，例如太忙碌、忽視、不當管教、體罰等，特別是體罰、謾罵，或是不斷轉換照顧者(保姆)，會讓孩子無法建立安全的依附關係。孩子不會分辨事理與情緒，他錯了你生氣，他不知道錯在哪裡只知道你生氣，孩子被你的情緒嚇到不知所措，無法消化情緒，更別說處理或表達情緒了。你使孩子產生無助、被拒絕、被拋棄的感覺，而造成依附創傷。依附創傷使他缺乏情感連結，或造成不當的情感連結，例如與人建立關係只為自己私利。

如果沒有發展出安全的依附模式，與人產生適當的情感連結，再多的物質也無法滿足人心。就如同拿一個會漏的杯子裝水，越感受到缺口就越想要彌補，於是追求著名利、地位、權勢、財富、學問、藥物、性等，以為它們可以滿足心靈的缺口，但短暫的滿足很快又流失掉，使人變本加厲，永無止境地繼續追求著。大腦是會記憶的，越刺激就越有反應，越有反應就越激烈，這是一種自動化的行為模式，很穩固不易改變，遇到類似的態度、動作、味道都會引發過去的記憶。所幸，長大後良好的情感關係可以修復童年的依附模式，越有穩定的情感關係，復原力越強。挫折不會打垮人，沒有感情支持才會打垮人。

宣洩式：害怕被冷落，容易抱怨、過分索求

依附創傷發展出來兩個情感模式：宣洩式（過度渴望與人連結）或壓抑式（過度害怕與人連結），宣洩式來自照顧者行為不一致，時而溫柔體貼時而漠不關心，情緒和作息捉摸不定，嬰兒無法預測父母什麼時候情緒好，什麼時候不好，嬰兒也無法預測他會得到什麼，所以會發展出兩種矛盾的內在聲音，在提出要求的同時懷著會被拒絕的矛盾情結，一方面害怕需要不被滿足而想盡辦法博得父母的注意，一方面又氣惱自己有需求、不容許自己提出需求，以避免父母的拒絕，父母成為他痛苦與快樂的同一對象。長大後對需求的矛盾仍藏在背後，與情侶相聚使他覺得幸福滿足，卻又同時害怕被冷落，經常覺得別人不願意與自己親近，一而再地要求愛情保證與表達，直到對方不耐煩。使性子、發牢騷、挑剔、抱怨、過分索求是宣洩者的特徵。

壓抑式：害怕與人連結，情緒往內隱藏

另一個類型是壓抑式，照顧者對孩子始終保持冷漠，在身體上也不多接觸，這樣培養出來的孩子覺得自己是一個包袱，試圖依附的結果，不是被喜悅地接納，而是換來冷淡、無法親近的痛苦；照顧者排拒了他，因此他也排拒照顧者，為保護自己不再被拒絕，通常會養成靠山山倒的淡化情緒，關閉與人的連結，很難信任別人。長大後的他學會了壓抑自己的情感，他不會因為沒有肌膚之親而難過，反而因接觸而造成痛苦，他不但喪失了肌膚之親的快樂，也喪失了追求細膩情感交流的能力，變得非常理性、冷酷、說話不帶感情、排他、疏離，這種人不容易信任人或請求幫忙，他不會吵架，不會有效溝通，只會冷戰，讓事情懸而不決，其實他冷漠的背後是痛苦與絕望。

往往在許多情侶或夫婦間，可輕易發現這兩極化的情感組合，即壓抑者會找宣洩者談戀愛，結果宣洩者越加哭鬧、尖叫、滿口惡言，壓抑者就越加封閉、沉默、退縮。嬰兒與父母建立的依附關係決定長大後與人的親密關係，研究發現1歲半時與母親的關係有多穩固，可以預

測21歲時處理情緒與解決衝突的能力。如果我們沒有建立安全的依附模式，不管壓抑型或宣洩型，雖然外顯行為不大相同，但都是缺乏自我存在感，沒有自信心、沒安全感、較強的羞愧感、害怕受傷害、覺得自己是多餘的、沒有用的、是大人的累贅等等這些想法。同樣的，兩個類型都會造成人際困難、控制力弱、理解與表達力不良、注意力不集中、不易合作等。

依附創傷反應在照顧行動與親密行動

過了嬰幼兒期，到了兒童期(約7歲至13歲之間)會發展出「照顧行動」，學習對同伴的關心、分享、給予、伸出援手等，此時依附關係受傷的人，沒有脫離嬰幼兒期對照顧者的依附，仍有過多的依附需求，照顧人只是因為害怕同伴離他而去，因此，照顧行動變成為了滿足同儕、依附同儕而壓抑自己，在團體中因為不敢拒絕而對於自己的定位感到模糊。

到了青少年期（約13至19歲之間)會發展「親密行動」，對人親切、自然、溫暖、開放、願意與人分享、收受之間得宜、容易接受別人的意見、同意別人的幫忙與支持等，這些都是親密行動。一個有依附傷害的人，依附朋友(同性或異性)的需求會比較強烈，過分索求別人給自己溫暖與愛，卻很難自然、自在地在兩人關係中表達親密行動；害怕獨處，卻又常常感覺在人群中迷失自己；需要尋求別人幫忙，卻又總覺得被別人控制；渴望與人分享心事，卻又有被掏空(看光光)的感覺。

依附受傷的人，有過多的依附需求，表達情感時不管是過度壓抑還是過度宣洩，都是在尋求依附。到了兒童期及青少年期，甚至成年期，不管是壓抑型或是宣洩型，在照顧行動和親密行動上(固然外顯行為不同)，骨子裡還是被尋求依附的渴望牽著走。

童年的依附模式在情感關係中一再出現，兒時的創傷就又一再揭露，所以許多人不敢輕易談戀愛(建立情感關係)，或兩人關係走到某個程度就不知為何地吹了、散了。然而，一段真摯情感關係本身就是挽救不良依附模式的關鍵，它能讓早期的創痛被瞭解、處理與整合，況且我們一輩子都需要與幾個重要的人，保持親密的情感關係。逃避解決不了問題，同樣的問題仍會出現。在我們試圖修復依附創傷的過程中，好好談一場戀愛(建立親密關係)，是一條療癒的必經之路，在這一段路上學習增強正向情緒的分享，及負向情緒的調和。雖然依附類型在1歲半就已建立，不可能改變，但可以調整，調整到接近安全型。

沒有不能修復的關係。只要我們肯下工夫面對成長的挑戰，就能彌補童年所受的傷害，發展出安全的依附模式。有了安全依附的人，在照顧行動與親密行動上可以很自然、自在、自由：該說就說，該做就做，該幫就幫，該拒絕就拒絕，沒有太多的顧忌，太多的勉強，太多的擔憂。

自我探索時間

探索一、我是壓抑型或是宣洩型？

大部分的童年記憶都已模糊、不可靠，我們藉助下列表格檢視一下自己在父母的照顧特質中所導致的適應性格。把下列句子依符合程度標出分數，1是最弱，5是最強；上下項目一起思考。計分時上下分開計算，兩者加起來不必等於5分，偏高者是你的類型。

題1. 在人際互動中我的個人特質

	1	2	3	4	5	6	7	8	9	10	11	12	
項目	壓抑情緒	保留情感	拒絕依賴	否認需要	少與人分享	封閉自己	自我要求甚嚴	內向	有主見	行動慎重	想支配他人	有消極反抗或攻擊傾向	**合計**
1													
2													
3													
4													
5													

	1	2	3	4	5	6	7	8	9	10	11	12	
項目	向外發洩情緒	誇大自己的感受	有依賴他人的傾向	誇大需要	忍不住的坦率	過度開放自己	自我要求不夠	外向	在乎他人反應	行事衝動	溫順、圓滑、不敢反抗	時而消極時而積極	**合計**
1													
2													
3													
4													
5													

題2. 在人際互動中我表現的互動特質

		1	2	3	4	5
主要的恐懼	接觸、受管束、受屈辱					
內在的訊息	我不值得存在、我不會說不					
情感的關係	不要主動接觸					
伴侶的形象	他太難纏、太依賴、太浮躁					
對待的態度	疏離、迴避、劃清界線					
產生的挫折	太多的相聚、太多的要求					
常有的情緒	恐懼、憤怒、羞愧					
衝突的對策	理性、被動、疏遠、固執					
	合計					

		1	2	3	4	5
主要的恐懼	分離、冷落、不可靠					
內在的訊息	我的需要無法滿足					
情感的關係	要給我安全感					
伴侶的形象	對我沒感情、不重視我					
對待的態度	依附、苛求、試圖合一					
產生的挫折	不被關心					
常有的情緒	恐懼、憤怒、苦惱					
衝突的對策	過度情緒化、不妥協、苛求、貶損					
	合計					

做完之後，你大略可以看出你的情感依附是壓抑型或是宣洩型，上半部是壓抑型，下半部是宣洩型。

如果你要成長、改變就要面對挑戰，壓抑型的人要多培養存在感、主動身心上的接觸、表達感情、增加相處時間。宣洩型的人就要多多讓自己順其自然、學習獨立、自己找事情做、接納對方優缺點。

探索二、「照顧行動」與「親密行動」表現的方式

做完探索一之後，我們再從照顧行動與親密行動的表現來認清自己的依附模式。請從探索一的對象中挑選一、兩個來探索。

【寫下你的自我探索】

在照顧行動上我的表現方式：

在親密行動上我的表現方式：

探索三、提升自我存在感

沒有安全依附致使人缺乏自我存在感、安全感、自信心。請具體找到可以增加自我存在感、增加自信的方式，如：愛自己、偶爾犒賞自己一下、適時對人提出問句等等。持之以恆的練習，可以讓自己的依附關係調整到較安全的模式。

舉例：讓自己好好的吃、吃得健康、走出家庭參加各種活動、刻意安排時間找朋友聊天、養花蒔草、欣賞自己創作的作品、每天對自己說說好話、每天做一件讓自己快樂的事等。

【寫下你的自我探索】

我想要提升存在感、自信的方式：

學員分享時間

我的「照顧行動」與「親密行動」。

學員A 在照顧行動上：我覺得以和為貴、不喜歡得罪別人，所以較沒主見、不表達自己的看法，只要有人提出要求，我就盡力地滿足他，但我很少主動表達照顧。

在親密行動上：被動、不知如何表達，因怕別人不喜歡我。不知道對方在想什麼的時候，會慌張、開始懷疑。不輕易依附一個人，常常帶著觀望的態度，不容易分享內心深處的感覺，所以交往到一定程度後就會停滯，無法深入交往。

學員B 在照顧行動上：大家都說我很會照顧人，在聚會中我會很快發現別人的需要，並很快回應他的需要，我享受在被需要的感覺上，我很得意聽到別人謝謝我。

在親密行動上：我發現我不會輕易要求別人幫忙，總覺得我可以自己來，別人為我服務會讓我渾身不自在，我內心有種與人隔閡、有距離、不親密的感覺。

學員C 在照顧行動上：我很享受在被照顧的情況中，這讓我體會到被愛、覺得我很重要。但我很羨慕主動照顧人的人。

在親密行動上：我不會主動照顧別人，我會猶豫別人會不會喜歡我這樣的服務等等。我也不會主動積極表示對別人的喜好，當我感覺到喜歡某人時，反而會刻意與他保持距離，特別是異性。

學員D 在照顧行動上：每次我很熱心地要幫助人，卻常常被罵雞婆，我好像不知道什麼時候該幫忙，該如何幫忙；每次被拒絕時我又會過度情緒化，難過半天，但為什麼總是情不自禁的想去幫助人？其實我在幫助人的時候，有一種支配他人的傾向，好像別人一定要聽我的。

在親密行動上：當我喜歡一個人時，我會在乎他的反應，會誇大我的需要，要求他幫我做很多我本來可以自己做的事，好像用以證明他對我的愛。我很怕他不重視我、冷落我、不關心我，我也一直擔心他會不會不可靠。

慧娟老師的回應

1. Q：影響依附關係的人最多有四個，請問第一個是誰，重要嗎？

A：並不重要，因為你的依附模式已被建立，目前重要的是了解自己的依附模式，並努力修正到安全模式。

2. Q：在探索自己的依附模式時會出現答案不同的現象，題1探索個人特質時是壓抑型，卻在互動特質中出現宣洩型，我到底是什麼類型？

A：本質上不應該有不同答案，出現這個現象時，不急於決定自己是哪個類型。受社會、禮教、家規等的影響，我們學會了修改一些外顯行為；多思考、多探索一段時間，真誠地面對自己，慢慢地真實的自己就會呈現出來。

3. Q：照顧行動與親密行動也可以為某個需求(被看重或怕被冷落)而偽裝，怎麼辦？

A：照顧與親密行動表現出來的都是利他行動，即便偽裝也不至於傷人，或違反道德價值，所以意識到自己的偽裝之後，將自己的心情導向誠心正意，真心待人反而讓自己活得自在，也才有真正的朋友。

4. Q：照顧行動與親密行動有什麼不同？

A：照顧行動是在兒童期發展的，較有安全依附的兒童，當他與同伴玩在一起時，比較會關心對方、會分享、給予、伸出援手。

親密行動是青少年期發展的，親密行動中包含著照顧行動，較有安全依附的青少年，甚至成年人，人與人之間表現較親切、自然、收受得宜。換言之，照顧行動的重點在服務他人，親密行動在彼此間的互動。

第四章

社會化過程產生的「我」

人出生後，慢慢受社會化影響，

塑造了自己也不知道的隱藏、盲目、否認、虛偽的我。

我們的成長過程中，
常把注意力放在外界而非內在自我，
依循大家認可的對錯好壞塑造自己。

我們一出生就被投入社會結構的牢固框架中，孩童時期必須慢慢學會適應與迎合外界社會的要求，因而純真的本性就隨著長大而慢慢地丟棄，社會框架中包含傳統、文化、習俗與宗教。所以我們的成長過程是把注意力放在外界，而非內在自我，學習依循大家認可的對錯好壞塑造自己，以獲得別人的肯定與認同；就是這種期待自己被接納、被愛的深層渴望，讓我們誤以為用盡超出自己可以負荷的程度來扭轉自己、壓抑自己就可以換得別人的認同與接納。失去自我就是社會化過程所造成的。社會化過程會因環境、文化、習俗而有所差異，但共同點就是：我們必須調整自己去適應社會，學習如何在社會中存活，接納環境，也被環境接納。

沒錯，必須有某種的規範，社會才能免於個人的放縱而造成脫序現象，社會化過程確實是必要的，不全然是殘害。我們第一個學習社會化的對象是父母(或主要照顧者)，所以為人父母者必須意識到自身的教化責任，給予孩子正確的價值觀與行為典範。根據研究，父母的行為是孩子行為模仿與認同的對象，會引發孩子的行為動機與需求，並增強或削弱孩子的行為。因此，長大成人的我們需要不斷學習、修正我們已經建立的行為，將從小吸納的東西去蕪存菁。

社會化過程容易隱藏了真實自我，塑造公開假我

社會化過程中塑造我們的行為模式都是外加的，如果沒有內化，為求在社會生存，只會越來越虛偽，為獲得別人的接納和喜愛而虛應故事，逐漸將真實的自我丟棄或扭曲。上一章提到依附關係，如果孩子與父母間發展出安全的依附關係，就比較容易進行內化，將大人的教化內化為自我的一部分。

社會化藉由教導、糾正、訓誡等，養成了我們的外顯行為，也藉由傳達理念、信念、價值觀、道德觀，或傳達快樂、正面、活潑、焦慮、自卑等情緒，而養成我們的內潛心態。要去蕪

存菁首先就要分辨什麼是蕪，什麼是菁，接著一個重要的功課就是「內化」。社會化都是外加的，只有把這些外加的變成自己的才會是一個整合的人。當我們成為一位成熟的大人之後，必須要有內化的能力，不管是外顯行為或是內潛心態，都要變成自己的資產，換句話說，就是要心甘情願而不是被迫這樣做、這樣想。例如：戴安全帽是為了自身安全而不是怕被罰。網路流行一句話：車子禮讓行人是罰出來的，這就是沒有內化的行為與心態。內化讓自我與社會禮教合一，成為一個完整的人。

社會化是父母的責任，在父母獎勵適當行為、處罰不當行為的教導下，我們隱藏、否認和壓抑了自己真實的特質，而以虛偽的假我公開在大眾面前，成為別人期待的你、喜歡的你。父母把我們塑造成有用的社會分子，可以在社會中安全生存。但父母的意識形態及方法也由他們受傷的童年所形成，在他們塑造我們的同時，也把他們受教養過程中受到的創傷傳給了我們。父母親的互動也是一種強而有力且始終存在的教養模範，我們在潛移默化中，以某種我們自己都沒意識到的方式吸納了父母的相處之道，並不理會哪些是矛盾的訊息。或許你憎惡父母彼此相處的方式，卻驚愕地發現，你正在重複母親對待父親的方式，例如當你對另一半生氣時，投給他一個令人畏縮的眼神，竟是你母親所傳遞的一種眼色。等我們進入社會，會發現更多需要效法的對象：老師、朋友、警察、明星等等，我們擴增了可能有的行為，並修正了父母所傳遞的訊息。

「社會我」(Social Self)，是被教養出來、可以公開的假我，致使真正的自我多半迷失、分解、脫離、撇棄在社會秩序之下，所以社會化過程不小心就可能變成一個殘化的過程，在這段過程中，我們受到約束、警告、訓誡、排斥、處罰，而將完整的自我一一剝離、遮掩或摒棄，那麼留下來的缺洞怎麼辦呢？只好添加上迎合外界的虛偽行為。迷失的真我加上虛偽的假我，致使我們與內在躍動的真生命失去聯繫，其實所有被我們壓抑下來的真實自我總是掙扎著要出現，因此不惜付出任何代價，透過工作、宗教、人群、愛情、藥物或其他瞬間的刺激，甚至縱情於性事、飲食、運動、暴力電影、玩弄手段，以及拼命創遊戲紀錄等任何能激起內在活力的東西。不過這些都是錯誤的行徑，它們製造出來的活力轉瞬即逝，於是我們再次尋求刺激以恢復活力。

如果我們以虛偽的我與人建立關係，我就必須時時為了維持這關係，而繼續扮演這個不是我的我，我不但欺騙了別人也傷害了自己，那種不真實、不坦誠的感覺如影隨形，卻又不明所以，自己和對方都說不清楚，所以不滿、不信任、懷疑、衝突、責怪、憤怒等也隨之出現，因為我們看到的是彼此的假面貌。每人都喜歡以真實的面貌被愛、被接納、被欣賞，不幸的是有太多的人從小被教導：以真實的我出現會被拒絕、被責難、被輕視，例如從小被教導：會爬樹的女孩會被恥笑，於是我就隱藏起好動的個性，表現出溫文儒雅的淑女特質。

勇敢做自己，人際關係更真實、自在

勇敢做自己是一個冒險，有可能某人會因此離你而去，但也絕對可以吸引真正而深刻看到你的人，耐心等候這位白馬王子或白雪公主吧！等待真實比活在虛偽更有價值。假如你活得真誠但某人因此離你而去，這不是件該慶幸的事嗎？假使你坦承自己的優缺點或好惡心，而對方還是決定繼續與你交往，這會讓你踏實多了。一直提心吊膽地隱藏著某些東西，會耗掉你許多正面能量。假如對方無法接受你的真實，一面與你爭執一面卻還繼續與你交往，這是你的機會，你要思考一下：他為什麼還要繼續與你在一起？妳還要繼續與他在一起嗎？也要問問自己為什麼必須一直隱藏自己的真實，而以假我去與他人交往，或即便自己時常被排拒、被挑剔、被批評，還要繼續與他交往？誠實表露自己可以使你更堅強、更自信和更自我欣賞，可以吸引真正欣賞你的人，而使那只看到你表面的人知難而退。一個充滿活力與自信的人，不會要求別人放棄自己以迎合他，也不會為了迎合他人而放棄自己。只有缺乏安全感與自我存在感的人才會操控別人或甘願被操控。所以安排機會交換彼此的觀點、喜好、興趣、價值觀、宗教等，這樣你就能找到真正與你心靈相契、願意一起成長的人。

在任何情況下都能清楚袒露自己的真實感受、勇於做自己的人，也能接受真實的他人，讓人做自己。面對真實，在人際間才能平等對待、彼此溝通、互相切磋、彼此激勵，讓彼此不斷學習與成長。情感關係要持續發展，唯一的基礎就是面對真實，不真實就不是愛。在情感交往中要為了讓自己變得更好而努力，不是為取悅對方而改變自己。沒有人有權力要求別人改變穿著、髮型、飲食、身材、休閒、工作、朋友、表達情緒的方式和生活方式。當一個人真正愛你時，他會愛真正的你，而不是他想要的你。改變要發自內心，出發點是你要使自己更好，而不是要取悅別人。不管自願或被迫，越是為了別人而改變自己的人，越沒有自我、沒有自信、沒有存在感，這樣的人遲早會換來別人的不尊重。你讓渡的權力會被他濫用，而且得寸進尺。你不斷的遷就只會換來更多的要求與操縱，最後甚至導致身體與情緒上的虐待。一開始只是小小的讓步，慢慢地會累積到無法忍受的地步，當你開始提出抱怨或反擊時，反而讓對方覺得你不可理喻、找麻煩，而產生身體或情緒的暴力。相反的，願意為使自己更好而改變自己的人，越能獲得別人的尊重和青睞，越能在兩人關係中平等對待、平起平坐，這才是真正的情感關係，才能彼此包容與尊重，一起前進與成長。平等不表示職位平等、財富平等和智力平等，平等表示在兩人關係中任何事情都可以直言無諱、充分溝通，因此相互截長補短是令人喜悅與感動的，不會有一方覺得委屈或矮了半截。相互依存與互惠成為一種幸福與享受，不需要耗費力氣或強迫對方。當你可以在兩人關係中活出真實的自己時，你會讓真正愛你的人更愛你、更敬重你，讓不健康的情感關係就此打住。當兩人可以彼此鼓勵邁向追尋自我之路時，你們的關係會更深厚，情感更甜蜜。在這樣的兩人關係中有著一種自由自在的氣氛，沒有拘束、不必壓抑、無須虛假、也不必客套，情緒可以隨時發洩、情感可以自由交流、痛苦與悲哀可以彼此分擔、興奮與喜樂可以共同享受，任何錯誤可以公開而不遭藐視，任何困擾可以吐露而獲得同情與支持，這就是真實而親密的情感關係。

想在親密的承諾關係中找到完整自我，首先必須找回摒棄多時的自我碎片。今天我們要回頭來看看自己，重新對自己做一個新的詮釋，顯然這是一個冒險，讓這個在社會化過程中形成的牢固框架鬆動一段時間，你會看清自己的真貌，體會自己內在的自由，活出自己的喜悅與滿足，這時你的內心會更加柔軟、溫暖與體貼，對外界的人、事、物有更多的包容、體諒與接納，因為讓自己活在真實中，也會讓人活在他自己的脈絡中，以他自己的面貌呈現。當我們能看到自己與外界人、事、物的真貌時，愛才真正地開始，如果你看不清或不接受自己與對方的真貌，那愛只是你自己內在的投射。

現在讓我們來一一分析社會化過程中形成的四個自我：

一、隱藏我——偷偷表現的我

我們有充足的洞察力維護自己的完整，所以不為人接納的自我只好隱藏起來，自己有意識地獨自經營著，造成只有自己知道，而不能說出去的祕密；然而我們卻又渴望在人生的路上，有個伴侶能接納並分享這份自我隱藏的祕密。祕密有很多種，有些藏著的是痛苦、耗神，甚或邪惡的祕密，但更多的是想令人驚喜的祕密、說了有點尷尬的祕密、大膽胡思亂想的祕密、愛面子怕出糗的祕密，祕密是一種自我意識，放心當自己祕密的主人吧！

二、盲目我——已經忘記的我

我們另有一面不只別人不了解，連自己都看不清、認不清的面貌，我們忘記它們曾經存在，忘記它們其實原本就是屬於我的一部分，例如以前曾經喜歡隨意哼歌起舞，曾經想學木工……雖然我們在某種程度上仍能意識到「隱藏我」，但是卻渾然不知壓抑了「盲目我」。

三、否認我——不肯接納的我

有些原本具有的特質，我們自己不但不承認，還會排擠這些特質，但別人卻能夠發現。否認的自我，通常是令人產生痛苦經驗的特質，例如當我們哼歌起舞卻被嚴厲制止或取笑，致使我們只好否認它的存在。我們否認的特質往往會找到一個補償，例如一個小女孩若被灌輸「性是航髒的」觀念，以後她會實行禁慾或是變得冷感；男孩哭泣受到嘲諷或處罰，會以頑強、好鬥的態度來掩飾受傷的內心。別人都清楚看在眼裡，唯獨自己不承認。

四、虛偽我——彌補缺洞的公開面具

隱藏、盲目和否認的自我，都還是真實自我的一部分，只是在創傷中失落了，致使自我有了一個漏洞，需要加以填補。針對如此的支離破碎，我們該如何補償？當然就是急急找到一個可以替代的「我」，一個公開的人格面具，好讓自己快快感覺到整全，與社會的期望更為一致，以獲得生存所需要的愛、工作、認同和肯定。虛偽的「我」就是為了彌補我們所摒棄的部分，而創造出不屬於真我的部分，是為了保存自我完整而創造出來的幻覺。

有時迫於形勢不得不虛偽，怎麼辦？首先，讓自己清楚意識到我現在只是暫時虛假一下而已(上司來了必須奉承一下)。再者，在虛偽的同時盡可能地加入一絲真情實意(讓奉承的話有點真實），三者，可以的話盡量避開必須虛偽的情境（避開碰面的機會），最高境界是將虛偽變成真誠（將奉承的話變成真誠的讚美）。

勇敢面對目前的我，就是邁向真實的第一步，越認識自己目前的社會我，就能找到好辦法來發展真實的我，讓一些沒有發展或假裝出來的自我慢慢消失。活得越真實，越能享受真情實意的情感關係。

自我探索時間

探索一、發覺「隱藏我」、「盲目我」及「否認我」

這些都是真實的我，只是尚未被充分發展，下面提供的線索能幫助我們找回真實我的特質。

發覺隱藏我：回想童年時父母就你的身體、思想、情感、行為給予的訊號。例如：「不可以」、「不要」、「不該」，使你不得不隱藏起來偷偷地做，偷偷地想……

發覺盲目我：回想童年時父母、老師、玩伴對你的身體、思想、情感、行為，要求你改變或表現的地方。回想某些人(仰慕的人、偶像、偉人)讓你不知不覺地被吸引的特質是什麼。

發覺否認我：別人這樣說我，而我自己卻不承認的優點或缺點是什麼。

舉例：

隱藏我：小時候爸爸不喜歡我學畫畫，我常常自己偷偷摸摸地塗鴉，高中偷偷參加畫畫社。

盲目我：以前喜歡看散文，很欣賞作者的用字遣詞，現在很多人都說我的文筆很好，現在我才發現原來我有這個天分。

否認我：1.以前媽媽常常說我做事草率，我一直不以為然，慢慢的，我現在做事就比較謹慎了。

2.長大一點後，朋友們說我有藝術天分，但我都否認，後來慢慢的我發現我確實有。

【寫下你的自我探索】

探索二、發覺「虛偽我」

那完全不是我，只是在教化的過程中，我學會的社會化行為。

在什麼情形下我會自己知道或別人會說我扭捏做作、虛應故事、諂媚奉承、譁眾取寵、勉強應付、尾隨附和、牆頭草？

舉例：我意識到我對別人的讚美，多數是奉承；對孩子的讚美，也是想要換取他乖乖聽話。對老闆交代的事情，我會故意顯得很樂意奉行，其實心裡有點不爽。

【寫下你的自我探索】

探索三、我要如何發展真我，減少虛偽我？

至少找到一兩項，具體說明如何做，並確實執行。

舉例：我要更多發展我的寫作能力，每天寫日記訓練自己的文筆，看到優美的詞句抄下來。對於減少虛偽奉承，我要培養自己從正面思考，多看人的優點，對孩子的讚美要真心。

【寫下你的自我探索】

學員分享時間

一、我要發展的特質

學員A　媽媽常常說我很懶散，同學說我不整理內務，結婚後有了小孩，整個家更像個垃圾場，先生從部隊回來就會念我幾句。我發現我沒有發展生活紀律，現在的我已開始慢慢學會隨手整理家務，感覺現在的家比較井然有序，也覺得身心靈和諧起來。

學員B　我要發展創造力，我做事趨於保守，想太多，考慮太多，不敢創新，我要告訴自己：放手做做看再說。

學員C　我要發展自我取悅，不要太重視別人的感覺，做一點讓自己高興的事，適度地拒絕別人。

二、虛偽的我

學員A 我很清楚在強權之下我不敢反抗，不敢說不，所以我會表現得很認同、很認真、很聽話，其實我內心是反抗的。

學員B 我常說識時務者為俊傑，君子不與小人鬥，但同事都說我太矯揉造作，做人太虛偽。

學員C 遇到上司，必須迎合，但我自己覺得還好，不會很虛假。

學員D 我太注意一些Key Person，而忘了照顧到某些人的感受。

慧娟老師的回應

我們真實的特質都會在生活中流露出來，也許自己不知覺，但別人或多或少看得出來；透過別人對我們的反應與批評，可以讓我們更認識自己，所以對別人的反應、評語或指正不要輕易否決或辯駁，別人會這樣說我一定有他的道理，如果我們反覆思索，就可以慢慢地發現更多我們沒有發現的特質。俗話說：「我心中自有一把尺」，當我們反覆思索之後，就能夠心知肚明，會為你自己的行為與動機找到答案，可以分辨別人的批評與自我真實之間的差異。

至於如何面對虛假的我，越認識、越接受自己真實的特質，就可以找到好辦法來發展它，假以時日就能讓自己更真實、更完整，這時假裝出來的自我便會慢慢消失，讓自己以更真實、更真誠的態度與人交往，享受真情實意的情感關係。

有時保有祕密是一種滿足，可以自得其樂，除非你的祕密作為會違反道德、倫理或社會價值，否則就放心地做你祕密的主人吧！當然，更期待有一天能碰到可以分享祕密的人，那麼人生就無限幸福與豐盛了。

知己是很重要的，除了分享祕密之外，還可以聊聊虛偽的自己，讓自己對虛偽我多一點意識，提醒自己不要迷失在偽裝中。

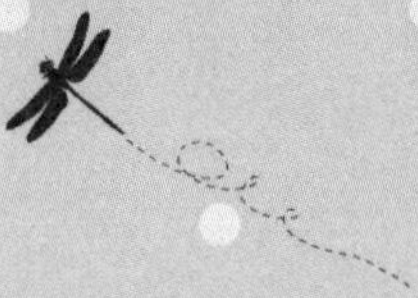

第五章

發展你的異性特質

試著發展你身上早已存在的異性特質，
讓你的性格更加平衡、整全。

心理學家榮格相信：
能夠自我實現的人需要發展兩性特質，承
認和接納自己的異性特質，
會讓人覺得整全。

「異性特質」是指男性所具有的女性特質，以及女性所具有的男性特質，這是人類的本質，但社會化卻叫我們只能擇其一，而導致我們脫離了真實自我。男女在生理、心理上本來就有許多差異，社會卻又拉大了彼此的差異，不但使人在人際交往上喪失做自己的自由，更造成男女間永無止境的戰爭。

被異性某種特質吸引時，代表心中深藏的特質被喚醒

我們和異性的衝突，其實就是和自己內在被否認的異性特質衝突。我們會被某一位異性吸引，常常是從對方身上看到了自己失落的異性特質。對方的特質喚醒了我們沉寂已久的特質，找回本來屬於我的一部分，興奮之情溢於言表，再次充滿活力的感覺讓我們以為找到了真愛、找到了對的人。伴侶似乎

彌補了我們所失落的部分，幫我們找回了原本的完整，但期望對方填補我們壓抑的異性特質，指望他們幫我們找回失落的自我，勢必會失望，也叫他們充滿壓力。雖然我們因為找到自我本質而興奮不已，但習慣上我們還是排斥、壓抑它，所以原先吸引我的特質變成了對自己的威脅，因此藉由鄙視伴侶的那些特質來紓解對自己的不滿，此為「投射反應」。

僵化的性別角色或成見，正危害個人，例如文化、習俗告訴我：如果我想要吸引異性，該如何舉止、改變或掩飾，這些影響著我們對自我的表現，也美化了我們夢中情人的形象，並把限制和期許加諸在交往的對象上。女人本來就很容易在關係中失去自己，因為女性特質傾向順服、依賴、同情、照顧等，所以女人要特別注意發展自我內在的男性特質，如自主、果斷、理智等；男人也應學習與人連結、溫柔、關懷的柔性特質。

向外尋找伴侶時，不要只注意社會、文化中所定義的理想伴侶，心理學家榮格相信：能夠自我實現的人，需要發展兩性特質，如果你希望感覺到自己的完整，就必須承認和接納自己的異性特質，如果你想要有和諧的情感關係，也必須承認自己與對方的異性特質。性別的不同，不論是在生理、心理上的天生差異，或是教養方式造成的差異，或是上述二者的混合組成，都是實際存在的。大多數真正的性別差異，在情感關係中不會有太明顯的衝突，所以，認清性別差異並公平對待，我們就能妥善處理而非排斥：一、意識到基因遺傳所產生的差異；二、離開男女的文化偏見；三、平等看待男女特質的價值；四、發展個人的異性特質；五、尊重對方的異性特質；六、不依賴伴侶補足自己所缺的特質。

找回生命中失去的異性特質，將與異性相處的差異縮小

建立一個親密的情感關係，可以提供自覺與成長的訓練環境，透過異性來發展自我的異性特質。在交往中探索兩人的差異性，學會欣賞對方的不同，將包容差異帶進兩人的世界，豐富彼此生命，彼此向對方學習，發揮未被發展的特質。

「交談是：我尊重你的不同，並從中學習，也把我的與你分享。」交談的目的不是互相賣弄學問，而是互相了解。要敏銳，注意細節和微妙之處，以各自的方式接納對方，不批評或試圖改變對方的行為。透過交談我們認識彼此的特質，接受彼此的差異，時間一久，交談成為體

會兩人情感的另一種親密。交談的雙方不會爭誰勝誰負，只會因更深的了解而彼此充實，越意識到對方就越對他產生同感。交談能拉近彼此的距離，減少恐懼、緩和敵對的情勢。

朝中性特質的目標邁進，中性其實是我們最原始自然的狀態。它和內在的平衡與完整有關，無法中性其實是成長過程中遭受的創傷所造成。中性容許我們在必要的時候堅強或溫和、理性或感性。中性是成熟的男人與女人才得以發展的特質，當我們真正掌握到異性特質後，才能朝中性邁進，使女人和男人回到共同的立場上，可以隨意取捨異性特質而不覺得矛盾，或擔心失去個性。

自我探索時間

探索一、認識我的異性特質

從1~5給自己的特質評分，自認擁有該項特質的強度，1分最弱，5分最強。上下一起看，兩者加起來不必等於5分。

舉例說明：積極1分、消極3分；理性3分、感性4分；好勝5分、合作2分

1	2	3	4	5	6
積極	獨立	理性	客觀	支配	好勝
消極	依賴	感性	主觀	順從	合作

7	8	9	10	11	12
講邏輯	冒險	有主見	有野心	外向	領導
重直覺	謹慎	優柔寡斷	安分	內向	服從

13	耿直		圓滑	
14	有分析能力		有統合能力	
15	剛強		柔弱	
16	重理論		重實務	
17	重思考		重感覺	
18	擅長數理		擅長文藝	
19	自持		與人商量	
20	獨來獨往		交友廣闊	
21	目標取向		過程取向	
22	排他		包容	
23	木訥		善於表達	
24	重紀律		重人情	
25	自我取悅		取悅他人	
26	主動		被動	
27	只看部分		環顧全局	
28	男子氣慨		有女人味	
29	叛逆		溫順	
30	傾向分離		傾向依附	
	小計		小計	

加總之後比較得分，上欄偏向男性特質，下欄偏向女性特質。

藉此看出自己異性特質的平衡狀態，過於懸殊的特質是你得努力發展的方向。

探索二、什麼是我可以自由發展的特質？

■延續探索一，上下兩欄的特質中，自認已經發展出來的特質請打「☆」，很希望再多多發展的特質請打「△」，不想發展的請打「╳」。

■請選幾個你很想發展得更好的特質，不管是打「☆」或打「△」，具體說明你要如何發展它。發展特質最具體的方法，就是找時間做一些自己喜歡做的事，做一些你認為「異性」（或別人）才能做的事。

舉例：

積極：我很喜歡我積極的態度，現在要更欣賞自己，常常鼓勵自己更勇敢地想說的就說，想做的就做。

主見：我發現我現在已經慢慢有了主見，現在我要找一個可以接受我的好朋友，告訴他，我要把我的主見特質發展得更好，請他給我機會表達我的意見、看法、感覺，也要不斷告訴自己有主見不是壞事。

【寫下你的自我探索】

探索三、哪些是你無法自由發揮的特質？

任何特質都需要發展，只是發展得多或少而已，這樣才能在該剛強的時候剛強，該柔順的時候柔順。想想看，有哪些特質你深深感受到無法自由發展？(剛剛打╳的部分)。為什麼我不喜歡發展這個特質？阻力在哪裡？該如何嘗試解決？

1. 哪些特質我無法自由發揮？或我不想發展它？為什麼？

舉例：我一直不認為我有能力領導別人。

我不喜歡我是一個懦弱的人。

2. 我為什麼覺得不容易發展？阻力在哪裡？

舉例：在家靠父母，現在先生對我很好，我很滿足，從沒想過指揮別人。

我瞧不起懦弱的人，所以我一直不讓自己顯得懦弱。

3. 我能試著找到它的優點嗎？如果我發展它會有什麼結果？

舉例：領導可以發揮我的自主權。

懦弱可以給人幫助我、關心我的機會。

4. 該如何解決？

舉例：請先生給我機會，提醒我自己做決定，安排一些家務事。

不再逞強，適時地給人替我服務的機會。

【寫下你的自我探索】

哪些特質我無法自由發揮？或我不想發展它？為什麼？

我為什麼覺得不容易發展？阻力在哪裡？

我能試著找到它的優點嗎？如果我發展它會有什麼結果？

我能如何克服這個阻力？

為什麼要發展我排斥或不想發展的特質呢？因為「性相近習相遠」，人類的所有特質我們都擁有，只是每人發展得多或少而已，沒有發展也許因為被壓抑(女孩子不能太外向)，或許因為環境(小時候窮不能學鋼琴)，或許自以為不行(我不會畫畫)，等等因素。在人際交往過程中發現對方(尤其是親密友人)擁有自己沒有的特質時，會產生羨慕或排斥的心態，將成為彼此衝突的爆發點。別以為羨慕很好，可以有互補作用，其實不然，你羨慕的特質將時時提醒你缺憾的部分，久而久之，羨慕變忌妒，忌妒變怨恨，然後彼此傷害。你羨慕的特質不要期待別人補給你，你可以向他學習而自己發展出來。

學員分享時間

一、我覺得我可以自由發展的特質。

學員A 合作。以前別人常說我很強勢、堅持己見，但我認為不是我堅持，而是我的見解、做法比較正確；現在我要學習合作，讓別人用他的方法做事，即便我還是覺得我的辦法比較好，但用對方的方法也不會錯到哪裡。

學員B 擅長文藝。既然很多人都說我很有畫畫天分，文筆也很好。我自己也喜歡，所以我今後要多多找機會寫寫東西與人分享，也要嘗試突破自己現在的畫風。

學員C 重紀律。我記得大學住校，同寢室的同學都嫌我不整理房間，也沒有時間觀念，當我發現必須讓自己有紀律一點時，就會特別留意自己的生活作息，這是我很願意發展的特質。

學員D 獨立。以前我很依賴先生，回娘家、回婆家、出去辦事都是他開車載我，家裡換燈管、修電器、拆洗電扇等都是他在做，自從先生過世之後，這一切我都學會靠自己來，現在我變得更獨立、更堅強。我發現我很棒，也活得更快樂、更滿足。

學員E 溫順。我很難依附別人、向人表達自己的需要，所以很獨立，很難有女人味，我必須學習小鳥依人的溫順特質。

學員F 自我取悅。不要太在乎他人的感覺，做一點讓自己高興的事，適度地拒絕別人。

二、感覺無法發展，或發展有阻力的特質是什麼？要如何克服？

學員A 我喜歡畫畫。但常常覺得沒時間、沒體力、眼睛退化。現在覺得不一定要自己畫，我要找時間去看畫展，欣賞別人的畫。

學員B 不擅表達。不管家人、同事或朋友，我都害怕跟他們說話，怕別人不接納而我受傷害，這是我的阻力。我會試著表達感受，例如兒子常說：「你看聖經沒有用，去看一些有意義的書。」我現在聽了不會生悶氣，會回應說：「祂能幫助我心靈成長，這是我的精神寄託。」兒子就沒說什麼了。我發現表達並沒有想像的可怕。

學員C 交友廣闊。以前家窮，結婚後又以家為重，很少外出；先生交友廣闊，常有朋友來家裡泡茶聊天，我覺得很愉快。先生過世後我一直覺得很寂寞，一次女兒帶我出國去玩，飛機起飛及在天空飛行的感覺，讓我興奮不已，才發現原來我的個性也是喜歡人群。我的阻力是我不知道自己有交友廣闊的特質。現在我常找機會與朋友聊天、出遊，甚至去拜訪需要關懷的人，讓生活更充實。

第六章

性的認知與感受

性，不單只是生理上的行為，
它更深的層次是心理上的愛，
導引人邁向人際間深摯純美的心靈交流。

性本身並非罪惡。
會造成罪惡，
乃是因為對性採取一種僭越的態度，
把這種上天賦予的人性變成玩物。

性是一種生存的能量，表現在生理上的是性欲、性接觸、性行為等等的生物能量，表現在人際相互依存上的是心理能量，就叫做「愛」。在幼年和童年時，性的能量尚未分化，到了青少年期，隨著第二性徵的發展，性的能量開始集中在生理上，也更具人際性質，促使我們與人建立關係。青少年期的性覺醒，使人藉由性幻想來探索人性的基本潛能，並開始喜歡接觸異性，為以後成熟的愛情與人際互動做準備。性幻想是性心理成長的正常部分，性感、性欲以及性圖像，原是我們朝向性成長、成熟過程中自然的表現，並非罪惡。對性產生懷疑、畏懼，均無助於性生理與心理的成熟與整合。淫欲之所以是一種嚴重的罪過，並非因為性本身是罪惡，而是因為我們採取一種僭越的態度，把這種天賦的人性變成玩物，只為好奇、好玩而輕易與人發生性關係，甚或用強迫的方式傷害對方，尤其這些性欲、性行為又經人為過度助長，無法自制地觀看刺激淫欲的書籍、影片等，這些脫序的行為或思想便是一種警訊，表明心理上、情感上和靈性上的病態。

將性的生理能量導引進入心理能量

猶如情感發展史，性的發展史對我們的自我認知影響很大。前面提過成長過程中產生的潛存意象、依附關係、特質發展及社會化，都對我們日後的人際關係造成深遠的影響，這些發展如果負面影響大於正面，我們的自我價值就會很低，沒有自我存在感。低自我價值感的人到了性生理發展尖峰的青少年時期，就會以一種僭越、控制的方式來宣洩性生理能量。一方面他自我控制力較低，無法控制強烈的生理需求，一方面他以強迫對方滿足自己的方式，來得到自我存在感與自我價值感。這個僭越的性態度如果不加以調整，會繼續帶入中年甚或晚年階段，不斷製造社會問題。所以無法控制性欲、輕易與人發生性關係，是缺乏自我存在感的表徵之一，身心靈越整合的人，處理性欲問題越是游刃有餘。

經由青少年期，我們學會將性的生理能量導引進入心理能量，透過溫暖、慈祥、專注、關懷、尊重、善解人意、承諾、親密、歸屬、創作、藝術等等。讓生理的性由心理的愛來支配。

在人際互動中，我們將學會如何控制性欲、如何尊重對方、如何表達愛情。這一個將性的生物能量導引進入心理能量的歷程，不是一件容易的事，年輕人要勉勵自己辛苦走過；所以從小培養意志力、克制力與忍受力是非常重要的。如果說性的心理能量是愛，那麼性的能量是利他的，是他人導向的，果如其然，性的感覺是要促使我們彼此靠攏，要求我們坦露自己並了解對方。肉身的裸露是脫去一個人的衣服，心理的裸露則是脫去一個人的面具，不斷深化的心理坦露，給予肉體的裸露一種深愛的內涵。愛情最完整的表現，是發生在心理形式和肉體形式的裸露同時並存的時候。當心理可以彼此坦露時，肉身的相互裸露才具意義。但心理上的相互坦露，並不一定導向肉身的相互裸露，如在下列關係之間：親密朋友、生意搭檔或同事、成長團體成員、父母及其成年子女、兄弟姊妹或親戚、無性生活的獨身男女朋友等。

沉溺性關係，反而失去了心靈交流的機會

在這個個人主義及講求速度的世代、時常把性行為等同於親熱行為的社會裡，性交已經失去了它的神聖性，與牽手、親吻、愛撫沒有什麼差別。可是性交用不著誠實、信任、關心、尊重或忠誠，性交本身不會產生也不會維持愛情，它不是愛情的保證。

的確，隨著親密關係的增長，彼此難免產生身體接觸的欲望，身體接觸的欲望正好是一個促使彼此加深情感的動能，克制性的衝動，才有機會將此能量轉化為心理能量，導引兩人更進一步心靈分享，讓愛情慢慢深化。人人都渴求內心深處的真情實意被看見、被了解、被接納，那種尋求真情實意的能量，就是性的心理能量。這種巨大的性能量，使我們卯足力氣彼此接近、開懷暢談、分享夢境、坦承需求，甚至相對流淚、厲聲爭吵、說明疑點、寬恕與接納，並忠實對待。越真誠坦露彼此的內心，越能從對方的言語、行動、手勢、眼神中接收到愛的訊息，就不用動不動要以性行為來表達。脫下衣服比除去面具容易多了，輕易的產生性關係，會剝奪了彼此心靈坦露的機會，使深化情感的機會停滯在肉體的接觸上。

兩人坦露心靈、相互分享著彼此所擁有的全部經歷時，便產生了忠誠的親密關係，雖然在親密關係中，也有令人感到難以表達情感的時候，但仍要不斷發掘愛情的言詞與行動，因為害怕隱私曝光的人無法建立親密關係。我們要時常使對方感到我們的體貼、關心、敬重，不僅對配偶，還包括一切彼此關懷的人：父母、孩子、兄弟姊妹、好朋友。使我們心愛的人感覺得到親熱、看得到親熱、摸得到親熱，聽得到親熱，使親熱成為活生生的現實，它比輕易的性行為幸福多了。

重新看待記憶中對「性」的認知與感受

我們的性生理與心理經歷，與其他情感發展因素一樣，猶如存入「記憶銀行」般，在我們的身體、意識與潛意識中儲存著自出生以來，與我們的情感發展相關的全部事蹟和自身經歷。一旦認清了自身的經歷，我們便能開始療癒過去，掌握現在，規畫未來。

檢視「性心理經歷」的四項重點：

（一）敬重地回想我們的性發展經歷

性接近我們的存在核心，我們對性的感受和回憶是如此地深刻和隱私。花點時間回顧自身的性發展經歷，回想從小到大自己對與性相關的認知和感覺是什麼，例如有位學員分享說：「幼稚園時與一位男同學在校園的角落彼此脫光了衣服，突然被老師大吼的聲音嚇到，這個經驗直到現在都讓我非常羞愧。」開放而誠實地傾聽自己的經歷，切勿妄論是非，一旦受到嚴厲的判決與否定，便無法正視性的美善，並善用它的能量導引自己邁向人際間深摯與純美的愛。回顧我們的童年往事，或與父母、兄弟姊妹或其他親戚，談談過去的歲月、生活的經驗，可以拾回一些童年記憶。

（二）柔和地接納我們的性發展經歷

以接納真相的態度、靜觀欣賞的心情，來傾聽自己的回憶，讓往事浮現腦海，集中在重新升起的感受上。一旦抱持接納或歡迎的態度，圖像和往事便開始浮上心頭。接納任何升起的感受，不要評斷對錯。以上例為例：讓往事慢慢浮現，溫柔地接納現在仍然泛起的羞愧感，也接納這個事實，不加任何是非對錯的判斷。

(三) 說出我們的信息

與性能量的最初相遇，就是孩提時被抱、餵奶和洗澡的方式，也許還包括童年時自我取樂的早期性體驗，所有一切都會對我們如何感覺自己的身體和性的認知，產生持久的影響。朝向性心理整合最重要的一步，就是有能力說出這信息。找到可以信任的人，分享自己此刻對性的認知與感受，那會是尊重自身真實的開端，也是成長和癒合的特效方法。承接前例：當學員找我坦述上例事件及羞愧感時，仍然可以感受到她強烈的情緒，幾次坦述之後，可以感覺到她對性的接納與欣賞已經慢慢提升。

（四）重新詮釋「性」對我的意義

我們的身體有天生的能力去對付加諸肉體的傷害，我們的頭腦能夠利用新的訊息和新的見識，重新詮釋自我的意義與價值。誰都不能改變自己的過去，但是我們能重新找到詮釋，找到癒合與繼續成長的途徑。不要浪費精力抹去曾經有過的事件，特別是遭受過性侵害經驗的人。用力找到方法，賦予這些事件新的意義和力量。當上例學員能坦然接納幼時對性的驚嚇後，她開始正面詮釋性的意義，開始欣賞性的美好，在人際交往中已不再那麼緊張與排斥。（之前只要交往開始深化，她就會不自覺的排斥，然後莫名其妙地結束這段感情。）

健康的性心理成熟包括：

- 肉體的：承認從受孕的最初，一直貫穿整個生命的遺傳、生物、性激素等諸般因素。
- 認知的：正確恰當的性知識；對肉體積極認識；尊重自己、尊重他人的身體。
- 情感的：熟悉我們的身體能量，面對自己的性感覺是清楚、自在與健康的，而面對別人時是自我把持的。

・社會的：自然不做作地與人相交；有自我開放的能力；有維持友誼和親密關係的能力。
・道德的：對性持有忠實、健康和利他的態度，行為與終生的承諾相一致。
・靈性的：在性的感覺和表達中，肯定其神聖性；體認性和靈並非敵人，而是朋友。

自我探索時間

【寫下你的自我探索】

檢視我對性的認知與感覺的心理經歷之後：

1. 我對性的認知是什麼？
2. 我對性的感覺是什麼？
3. 在什麼情況下容易浮現我的性感覺？
4. 我如何處理我的性感覺？

學員分享時間

學員A 當我在念研究所的時候，與一個同班同學交往，一年多以後我與她發生關係，其實當下我並沒有太多的感覺，更多的是罪惡感。之後我會避免讓自己走到無法控制的激情，我會擔心她懷疑我不愛她，會用言語、眼神或行動，想辦法表達我對她的愛。但是久久還是會發生一次性關係，直到有一次我問了她的感受，發覺她非常恐懼，完全不是享受，其實我也不覺得享受在當下，就再也沒有發生性關係了，直到結婚。

學員B 我很生氣現在的男生交往沒多久就要求發生性關係，我幾段的交往都是因為這樣而分手的，這讓我很懷疑自己是哪裡不對嗎？其實我並不覺得不能發生婚前性行為，只是覺得自己還沒有準備好。現在上了課，我知道該如何交往了，我會善用機會找尋表達愛意的方式，也不斷地自我認識並認識他，不要逃避。

學員C 我並不是反對婚前性行為，是害怕懷孕，所以我會避免去多想這方面的事。拒絕對方只是覺得他不夠愛我，或我不夠愛他，而拒絕他。我一直都沒有一個深交的朋友，其實是我自己的問題，交往深入一點時，我就會想很多，不肯定他是否真的愛我，是否能從一而終。

慧娟老師的回應

1. 性的心理需求大於生理需求，意思是當一個人熱切地想和人發生性關係，或時常被自己強烈的性衝動困擾時，表示這人熱切渴望的是被愛、被照顧、被肯定的感覺，這一點我從未婚懷孕的人身上清楚的看到。
2. 處理性的需求與衝動需要克制力，在成長中受到足夠且適切照顧的人、有足夠的存在感與自信心，才可能培養出相當的克制力，長大後在處理性需求時才能游刃有餘。

3. 到了青少年期，有性的衝動或需求是人人無可避免的，此時除了好好培養自我存在感與克制力之外，意識到自己蠢蠢欲動時，要努力思考，創造出其他可以表達愛意的方式，這樣可以避免輕易發生性行為。

4. 生理構造的關係，在性關係上男生比較主動且難以克制、容易失去理智，女生較被動而可以理智處理，所以女生要成為控制場面的人。許多未婚懷孕或發生婚前性行為的女生都說：我不敢拒絕、怕失去他、我以為這是愛他……其實不然，激情當下，只有女生有能力掌控局勢，你的拒絕可以邀請他一起研究表達愛意的方式，並獲得更多的肯定。

5. 人的行為是經過刺激而產生的，有什麼刺激就產生什麼反應，所以不要常常去刺激你的性欲，就不會增加你的性需求。為什麼現在視性為玩物已經到了無以復加的地步，因為現在接收性刺激的管道太容易了。

6. 年輕人對性的認知與信念非常重要，回教徒不能吃豬肉，佛教徒吃素，天主教說不可發生婚前性行為，這都取決於你自己的信念，否則規範、律法只有徒增人的罪惡感。

7. 發生婚前性行為有許多壞處：

■停止尋找其他表達愛意的方法，只要在一起就要發生性行為，因為沒有任何方法比性行為更激情。而性刺激成為揮之不去的魔咒，換了對象依舊沉溺在性關係中。

■因為擔心受孕，雙方都無法真正享受性的歡愉。

■彼此失去信任，即便結婚了，擔心對方發生婚外情的焦慮依然揮之不去。

8. 有非分之想(或有性欲、想手淫)時怎麼辦？

■性吸引、性渴望……這是自然現象。

■提醒自己：忠於自己的選擇與承諾。

■告訴自己：性的心理需求大於生理需求，將生理需求轉為心理需求，做一些讓自己快樂、滿足、有成就感的事。

■轉移注意力，從事一些創作性的活動：畫畫、唱歌、運動、或助人行動。

第七章

描繪自我圖像

人生需要盤整！

這個時候，靜下心來，回顧前面所分享的，你更認識自己了嗎？

不認識自己，
猶如自我放逐的遊民，漂浮不定。
認識自我是一輩子的事，
我們不能停止認識自己的工夫。

前面我們已經探討過影響情感發展的六個面向：找回失去的活力、潛存意象、依附關係、社會化過程、發展你的異性特質、性的認知與感受等，現在你應該已經清楚勾勒出屬於自己的情感圖像，知道自己找尋的情感對象及在情感互動上的慣性模式，是如何受到成長過程的影響。接下來我們繼續學習如何按圖索驥，發展出屬於自己的情感生活。

藉由生活中的事件更多自我認識

自我的領域太廣了，在勾勒自我圖像時，除了我們一直探討的「情感」之外，還有身體、情緒、洞察力、理解力、辨識、判斷、分析、綜合等等不同的領域，我們都必須一一檢視，這叫做自我認識，不認識自己猶如自我放逐的遊民，漂浮不定。自我認識是一輩子的事，我們不能停止自我認識的工夫。馬斯洛的需求理論說，人的最高需求是自我實現，自我實現就是要從自我認識開始：自我認識↓自我接受↓自我肯定↓自我實現。我以自己為例子：我進入修道院時才20歲出頭，不但沒有太多社會經驗，也不太會做家事，有一天修女叫我掃地，過了一會她來說：「叫你掃地你為什麼沒掃？」我說：「我掃了呀！」她說：「你看！」我一看，傻眼！她如何掃出那麼多垃圾呢？為什麼我沒掃出來？直到今天每次掃地能掃出一點灰塵，都讓我很有成就感。最近我才意識到這個掃地的成就感，來自不會掃地的經驗：我發現掃地時我沒有注意到每個角落(自我認識)，我沒把地掃乾淨是事實(自我接受)，我知道自己可以認真掃地(自我肯定)，於是直到現在，每次掃地，掃出一些灰塵與垃圾都讓我很有成就感(自我實現)。再舉一個例子：有一次一個朋友告訴我：「妳很有藝術天分」。我說：「怎麼可能，我不會畫、不會唱、也不會跳……」但是我把這句話聽進去了，我常常想起朋友說我有藝術天分(雖然當時我還不清楚我的藝術在哪裡，但我先接受了)，有一天我終於了解，我的藝術感不在於畫畫、唱歌、跳舞，我的藝術感是對藝術的欣賞。我也喜歡做手工，喜歡動腦筋化腐朽為神奇，還非常自得其樂，自我欣賞老半天，很有成就感。

用這兩個不起眼的例子，讓大家知道自我實現不需要有多遠大的目標與理想，自我認識也不是非要從積極正面下手不可，人就是有優缺點、有強項與弱勢，自我認識是坦然面對全部的自己，認識正面的我，也認識負面的我。自我認識更不會一蹴即成，要對自己有等待的耐心，只要放在心上反覆思索，不要太快、太輕易的否決，慢慢的你就會認識到你確實是怎樣一個人。自我認識的機會有很多，要自己把握，舉凡：身邊的人不經意的一句話、自己不期然的一個思想、父母老師的建議等等，單看我們自己如何把握。有句話說：「學生準備好了，老師就出現。」還有一句話說：「從別人的錯誤學習，不要等到自己錯了才要學。」

20歲後的生命，需要靠自己變得更完整

這些道理我們都知道，也都願意不斷地更認識自己，但為什麼總是那麼難呢？我們都希望能夠自由做自己，然而，很多時候我們所堅持的自己，是小時候成長過程中被塑造出來的，因此難以改變，俗話說：江山易改本性難移呀！在心理學領域裡流行著一句話：「20歲以前的

生命我們可以怪父母，20歲以後就要怪自己了。」也就是說長大成人了以後，自己要對自己的生命負責。也說：「生命需要不斷整合，整合過程中就得準備好做必要的改變。」有一位學心理的神父說過這樣一句話：「生命需要自己願意做改變，20歲不改變，30歲要改變；30歲不改變，40歲要改變；40歲不改變，50歲要改變。你自己想幾歲才要改變？」所以現在我們已經勾勒出自己的自我圖像了，無論我目前站在什麼位置，處在什麼情況，就從這裡開始，實事求是，不要評斷對錯好壞，對了錯了都是事實，就從這個事實開始，每天問一問自己：我現在站在哪裡？我帶著情感走，但不要讓情感牽著走。

我們已經探討過影響情感發展的六個面向，在跨入下一步的此時，稍停一下，再下一點工夫，看清楚自己勾勒出來的自我圖像。希望我們能帶著這個既有的圖像，勾勒出未來的藍圖。有藍圖才能有方向，不要怕方向可能會錯，因為有方向才能向前走，一面走就能一面修；沒方向就會停滯不前，原地兜圈圈，白費力氣。

多和他人分享、交流，有助於自我認識

有一種自我認識的方法，是「自我顯示」。自我顯示別無他法，就是與別人交流。我與別人有多少交流，我就對自己有多少了解。一個從不與人分享的人，是不容易得到自我概念的。人都習慣平行反應：你對我好我就對你好；所以我坦誠相待，也就獲得對方坦誠回應，如果對方坦誠待我，也會幫助我坦誠面對自己，成為一個誠懇的人。

還有一個自我認識的方法就是「找到意義」。成功、名利等終究會過去，意義才是人真正追求的東西。靜下心來問問自己，問問自己真正要的是什麼？我追求的成功、名利意義在哪裡？指南針就在自己心裡。

自我探索時間

探索一、找到生命意義

每一個發生在生命中的事件都有意義，不要輕易地讓它過去，能從經歷中學得意義就叫作「經驗」。經驗的累積讓我們更豐富、更有成就感。

步驟1. 找到一個可以讓自己安靜的地方與時間，做幾個深呼吸讓自己安靜下來。

步驟2. 找到一件發生在你身上的事件。

【寫下你的自我探索】

步驟3.

回顧整個事件的始末，我怎麼看自己？別人怎麼說我？

【寫下你的自我探索】

步驟4.

我如何接受、看待這一個存在的事實？

【寫下你的自我探索】

步驟5.

察覺一下我目前的感覺是什麼？(接受不表示認同)

【寫下你的自我探索】

步驟6. 常常找時間回顧這個事實與感覺(感覺會變)，直到有一天你了解事件對你的意義。

【寫下你的自我探索】

探索二、時常回顧我的自我畫像

回到第一章的探索題：你畫下的自我畫像，在空白處填上你一一整理出來的六個情感面向。

題1. 我要如何維持我的活力與喜悅？

【寫下你的自我探索】

題2.

我潛存意象(吸引我)的類型是什麼?

【寫下你的自我探索】

題3.

我在照顧行動與親密行動中的表現為何?

【寫下你的自我探索】

題4.

如何讓未發展的特質呈現,讓虛偽的特質削弱?

【寫下你的自我探索】

題5.

我願意發展的異性特質是什麼？

【寫下你的自我探索】

題6.

我如何處理我的性需求？

【寫下你的自我探索】

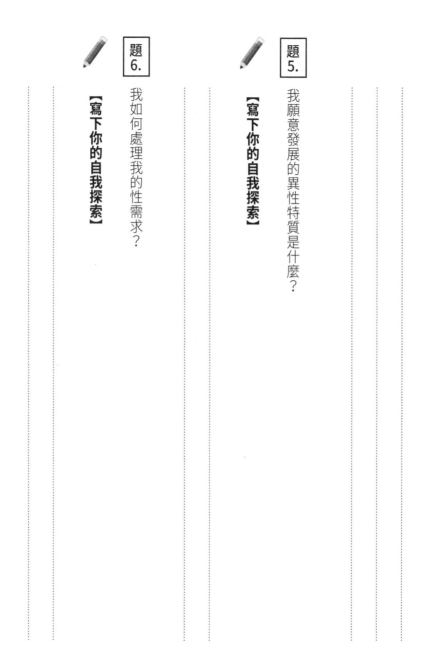

探索三、勾勒出我的未來藍圖

有藍圖才能按圖索驥。大膽畫下你的未來藍圖，不要怕錯，錯了可以改，但是沒有方向就完全動不了。

題1. 我想如何塑造我的人生？我的夢想是什麼？我的心靈渴望是什麼？用我的夢想和心靈渴望來塑造我的人生。

【寫下你的自我探索】

題2. 既然工作是辛苦的，為什麼我還要工作？

【寫下你的自我探索】

題3.

對我而言，「擁有」的真正意義是什麼？得到這一切我會失去什麼嗎？

【寫下你的自我探索】

題4.

我的完美人生會是什麼樣子？它包含哪些要素？

【寫下你的自我探索】

學員分享時間

我目前的六個情感面向

學員A　活力：父親對我管教甚嚴，只要看我在村子的廣場一定把我叫回來，也不可與男生玩，因此我的童年幾乎自己一個人在閣樓上，看著父親帶回來給我的小說與漫畫。直到現在我都覺得日子就是這樣過，人家叫我做什麼我就做什麼，沒想過生命的喜樂與活力。而現在，我會從幫助人的過程中獲得活力，不再沒有想法的過日子。

潛存意象：父親多才多藝，沒有任何難倒他的事情，因此只要是正派男士，養家、掙錢、有一技之長的，我都佩服，都會吸引我。

依附關係：我與母親都是父親呵護的對象，父親很愛我，但對我非常嚴格，母親是一個弱女子，似乎是一個沒有長大的小女孩，說不上她愛不愛我，但就是不會照顧我，所以從小我就非常獨立，不善於表達自己，只是壓抑自己的喜怒哀樂，表現乖乖牌。在夫家眾多小姑小叔的環境中，不擅於表達的我，更增加了我的壓抑性格。

社會化：我的環境養成一個很社會化的我，我一直藏著真實的我，以致我都忘記我本來的面目，以為做人就是要這樣，乖乖牌也讓我在夫家得到了很多的肯定，及小姑小叔的信賴，但我的順服也一直讓我倍感壓抑，直到現在孩子長大了，我有多一點自己的時間，找到了自己的興趣，學習一點東西，也才知道我沒有真正的活出自己。現在我慢慢地讓自己的特質呈現。

異性特質：我好像有好多的特質要發展，似乎有個迫切的心，急於把它們發展出來，成為一個真正的我。目前我覺得要好好發展的是創意，父親的創意一直都是我所仰慕的。我要放膽去嘗試我可以做的事，例如表達自己的想法、自己找到解決問題的方法、做一些居家環境的變化，我覺得這都是創意，可以表現真實的我，讓我覺得很快樂。

性：在我們那個女大當婚的年代，依父親的意見嫁給了他同袍的兒子，一輩子也沒有多思考「性」是什麼。慧娟老師說性是天主給的能量，讓我們有能力愛人，這讓我感到很積極正面。

學員B

活力：現在我才知道自己就可以給自己活力，我不再依賴別人給我喜樂。讓我感到活力的，是看看照片，回憶跟女兒、孫女出去玩、聚餐慶生的畫面，回憶居然能讓我感到活力充沛。

潛存意象：回想我的婚姻，當時的我還是個不成熟的女孩，一見鍾情，很快就被對方吸引，因為他對我好、照顧我，還沒有太了解他的個性就結婚了，現在回想，這與我小時候缺乏父母親的關愛有關。

依附關係：因為太依賴先生，期待他滿足我，所以常常被罵。我真的很愛他，但他不了解我的需要。我是宣洩型的，而他是壓抑型的。

社會化：因為自己不夠聰明、書讀的不多、沒有專長，很自卑、沒自信，所以在職場上很認真工作，希望被老闆肯定，常會被同事說我討好。但我用心工作，一做就是二十年，我覺得也沒有什麼不好。

異性特質：現在我已發展出我的獨立特質，越來越獨立、充滿自信、也不依賴孩子，信仰更是給我未來的希望。目前工作給我的愉快與成就感，讓我感到自己好像結實纍纍的生命樹。

性：性的能量從天主而來，它讓我充滿慈悲地去愛人，我覺得這很好，我會好好善用。

學員C 活力：每天下班回來看看笑話，讓自己笑一笑、放鬆一下，感覺精神又來了。

潛存意象：父母重男輕女，我在家很沒有存在感，父母很會罵我。很多負面認知或感受來自父母，與人交往就有很多的擔心，交往到某個程度之後，會擔心他知道我的家庭狀況而停止交往。

依附關係：我應該屬於壓抑型的，因為父母一直不重視我，我國中畢業就半工半讀，自己獨立生活，把自己裝得很堅強。其實我很渴望有一個溫暖的家，但我不容易放開自己與人交往，我知道有人對我有意思，就會不自覺地刻意迴避。

社會化：心裡不爽也不敢表達出來，就會人前一套人後又一套，自己都覺得好假，也覺得自己好壓抑。

異性特質：希望可以更有主見。覺得自己很沒有主見，人家叫我做什麼我都不敢拒絕，生氣也不敢講，今後我會學得適當表達、學會提出意見。

性：我覺得婚前性行為不好，男生很容易到手就不要了，或只是玩一玩而已，不是真正的愛我，我希望跟一個有擔當、有承諾的人結婚，之後才有性關係。

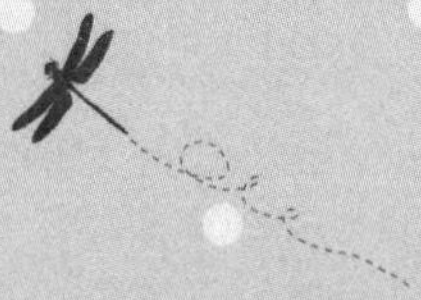

第八章

獨處—與自我連結

獨處，是忙碌現代人的必需品！

享受獨處，你的生活會更有活力。

生命的任何階段都必須學會獨處，
藉著獨處的練習，
將精力集中到內在的核心能量上。

把自己從疲於奔命、日復一日的例行公式中抽離，花時間獨處，體會安靜獨處的美妙與寧靜，這有助於聽見自己內心深處的聲音、發掘自己的真性情、建立穩固的自我意識、確認自己的生活模式、欣賞自我的完整性。如果忙碌只是為了填補自己內心的不確定感及空虛感，或害怕自己浪費生命而不斷往外找尋填補，這樣的忙碌並不會讓人覺得充實、滿足。會獨處的人不必尋求別人，自己就能肯定、陪伴、取悅自己；進而使自己變得更堅強、完整，成為別人的祝福。

學會獨處，更豐富自己的生命

獨處並非只是獨自一個人，它是自我省思、自我追尋與自我發現的時刻，是向內尋找答案、智慧、安慰、激勵與治療的時刻；獨處是讓自己的身心靈自由自在的時刻，這是唯一可以任思緒飄揚、大膽作夢、胡思亂想而不必受禮教約束的地方，也是讓情緒釋放、真實體會情緒，而不必擔心自己再次受傷或傷害別人的地方。獨處是提供自我認識與自我省思的機會，發覺自己的性格與能力，確認自己的信念與價值觀，也可以為你打開新視野，學習信賴自己，與自己相處，建立自我的生活模式與處事方式。獨處讓你確信一個人過生活也能過得豐富而完整，你不必尋求別人的肯定來填補內在的空缺。生命的任何階段都必須學會獨處，藉著獨處的練習，將精力集中到內心的核心能量上。尤其現在，我們已經了解自己並渴望調整從小被教化出來的樣子、活出真實的我及精采人生，所以就更需要獨處時間了。

獨處這個「退隱」的動作，提供我們由外界轉向內心，讓自己回到生命的脈絡中，看清楚自己生命發展的過程，以便更明白下一個階段生命發展的方向。尤其在這逐漸高齡化的時代，老年重返獨身的機會大大增加，人生到頭來終究還是一個人，特別是平均餘齡較高的女性。其實獨處也不是單身者的專利，即便在婚姻關係中，也需要找到獨處的時間。

練習獨處要趁早

對獨處感到障礙其實是因為嬰幼兒時期沒有受到足夠的照顧，太早感受到不被照顧、不被接受的孤獨感，把獨處與被遺棄畫上等號。一個受到適當照顧長大的孩子較自信、獨立，敢於學習獨處。學習獨處是一輩子的事，年輕沒有學會獨處，中年以後就更不容易了，趁早知道自己真正想過的日子是怎樣。訓練獨處時，剛開始你可能會感到焦慮、害怕、難過、悲傷，可能幾分鐘都坐不住，可能淚水止不住地傾洩出來，尤其小時候受傷過重或目前正處在強烈的情緒時。不要驚恐，對自己要有耐心，繼續下去，你的努力會看到效果的，備受煎熬的心可以獲得釋放與醫治。

一開始練習獨處不用太長時間，也不要太苛責自己，只需稍微勉強一下自己(因為人是有惰性的，況且我們很難不掛心那些沒做的事、沒回的電話等等令人分心的事)。從每週一次開始，以給自己放假一下的心情開始。獨處讓我們發現自己用太多時間忙碌、與別人交往、照顧別人、為別人工作，卻極少花時間照顧自己，以致壓抑自己內心的真實而不自知。獨處是「為自己而活」的時刻！

自我探索時間

探索一、與自己獨處

步驟1. 每天20分鐘，找到一個不受干擾的地方(一個小角落、一張躺椅、海邊、公園等等)與時間(不接電話、沒有網路……)。

步驟2. 安靜地坐著或躺著，做幾個深呼吸，讓自己安靜下來。

步驟3. 任思緒飄盪，不為自己設限、不想別人只想自己。

步驟4. 注意自己的感受、思想與身體。

步驟5. 最後簡短寫下這一次獨處的經驗與感受。

【寫下你的自我探索】

探索二、自由書寫，與自我連結

藉著書寫陪伴自己，發覺自己內在的聲音，看到自己內心真正的渴望，找到自我的角色、表達情緒的出口、解決問題的方法，用新的觀點看自己。自由書寫脫離了「應該」和「扮演」，沒有虛假的表面，不必偽裝，不必顧忌別人，只有自己及真話。療癒也會在書寫中一字一句展開。

步驟1. 找一個可以獨處的時間和地方，準備好紙和筆。

步驟2. 想起一個你自己的生命事件，即便非常久遠的故事也可以。

步驟3. 自由的書寫，想到什麼寫什麼，不必修飾文筆，不必思考太多，重點是把注意力集中在自己身上，看看事件中的自己，自己的思想、感受、情緒、行動、表情等等，不要管別人怎麼想，一直看自己，寫自己，勇敢地寫、自由地寫、不停地寫。

步驟4. 再多寫一點點：回頭檢視寫下的東西，重新省察一下，再寫仔細一點，你可能會對你所挑選的故事，或撿回來的片段感到驚訝。

步驟5. 如果書寫過程中出現一些情緒，就暫停一下，用一段時間照顧一下你的情緒。

步驟6. 為這個故事取一個名字，意思是用最簡短的幾個字標示出這個故事的特點，例如：害怕(或新生、希望等)。

步驟7. 你也可以隨身帶著紙和筆，一有空就問自己：我現在感覺如何？我有什麼心情？將它寫下。即便沒有任何感覺也寫下：我沒有任何感覺，或我不知道那是什麼感覺。漸漸的，你會對自己的感覺越來越敏銳。

【寫下你的自我探索】

探索三、創造一個撫慰自己的空間

創造一個舒適又能撫慰自己的空間，那是一個特別的空間，是固定的空間，花點心思布置一下，讓你可以在其間自在而愉快地與自己相處，與自己的心靈產生連結，或是放鬆心情、尋找解決問題的方法，甚或只是靜坐沉思都很好，這個屬於自己的獨特空間，也告訴家人或同伴：當我來到這個空間請不要打擾我。每天花一段時間與自己獨處，慢慢的，你會驚訝地發現素來未曾認識的自己。

找到從小到大任何一個讓你感到舒適與安慰的人、物品、地方和事件(例如：毛毯、枕頭、媽媽幫我綁辮子時的照片……)，盡量找出來，布置在你的撫慰空間，並決定你要多久造訪一次這個獨處空間。

【寫下你的自我探索】

布置了一個屬於自己的空間之後是什麼心情？

在自己的空間獨處的感覺如何？

探索四、從事創作性活動

創作性活動是一項非常自我、自由、自在的活動，越從事創作性活動，越能自我認識，並宣告：這就是我！因為從事創作性活動時，我們擺脫別人的觀點與主導，甚至是對人的依賴，集中注意力在我們正在從事的事情上：透過自己的眼光、發揮自己的想像力、表達自己內在的聲音，也能釐清自己的思緒。創作性活動幫助我們發現自己的能量、興奮、熱情、智慧、決心、毅力與承諾。不管是寫作、繪畫、樂器、雕刻、陶藝、縫紉、烹飪、養花蒔草、裝潢布置等等，能填補我們的空虛、寂寞、無聊，還能使痛苦、懼怕、罪惡感或憤怒等等，都找到了出口，讓我們不再受其綑綁。創作活動就是那麼自由自在，完全跳脫別人的眼光和論斷，不怕遭到批評、嘲笑或責罵。所以創作性作品是自我欣賞的。如果有人欣賞固然很好，可以分享創作的喜悅，但不要輕易展示作品，因為要求別人給予評價是危險的，想以作品獲得別人的肯定或與人建立關係也同樣危險，讓作品與自己建立親密關係才是真正重要的事。每個人每天至少要做一件讓自己快樂並且跟別人無關的事，純粹只為取悅自己。只是萬事起頭難，要勇敢跨出第一步，如果選擇寫作，就勇敢寫出第一個字，繪畫就勇敢畫出第一筆。請你記住：用你的毅力，無論好壞一定要完成它，絕對不能半途而廢。

檢視過去的「未竟之志」，重溫舊夢，讓當年心懷浪漫夢想的你復活！回想一下小時候什麼遊戲讓你玩到忘記回家吃飯？那是什麼感覺？回想一下當你看到別人在做什麼事情時，會讓自己的心也蠢蠢欲動、躍躍欲試，產生一種技癢的感覺？

現在請你選擇一個創作性的活動，並決定開始的日子，也承諾自己無論如何都要完成它。

【寫下你的自我探索】

想從事的創作性活動是……………………………………

預計何時開始？

接下來，請務必每天花一小段時間認真地完成它。

探索五、創造平衡的生活

人很容易走極端，開始忙就讓自己忙得不可開交，討厭一個人就極端討厭，開始談一場戀愛就非常濃烈，投入某個消遣或事務就如癡如醉，然後過沒多久，厭倦了，熱火消退了，理想幻滅了，就徹底放棄，好像什麼都沒發生過。這些極端的現象都不對，我們必須在生活中找到平衡點，身心靈全方位地找到平衡點。找到平衡點的辦法就是：放慢腳步慢慢來，不要輕易放棄老朋友和興趣，隨時注意自己身心靈的需要，例如每天散步30分鐘，每週與好朋友會面一次，每個月看完一本書，參加支持性團體等等。當你發展出平衡的生活後，你會發現你更有自信、更能獨處、更獨立了。

至少每週檢視一下自己的身、心、靈是否過得平衡，沒睡夠的就補眠一下，沒運動的就運動一下，沒看書的就找時間看點書。

【寫下你的自我探索】

寫出在這個星期內我要做什麼讓自己獲得平衡的生活

身體方面……………………

情緒方面……………………

心靈方面……………………

學員分享時間

享受獨處

學員A 總覺得一直在忙別人的事而把自己的事往後延，拖拖拉拉，沒有把時間管理好，也沒辦法好好學習。今後我要給自己一段獨處時間，多了解自己，清楚知道自己真正想要的是什麼。小時候奶奶給我一件舊衣服，我走到哪裡都帶著它，沒有它我就哭，所以媽媽把它剪成一半，才可以換洗，現在睡覺也抱著浴巾才有安全感。目前撫慰自己的方法是做做手工藝，到菜園拔拔野草，感覺很放鬆。

學員B 我喜歡泡茶，下班回來自己一個人享受在當下，泡茶、吃零嘴、欣賞茶具、看看喜歡的書或聖經、欣賞自己的美好、想想自己的價值在哪裡、有沒有讓人羨慕的地方。安靜的感覺，超棒！對自己好，我不再覺得自己一個人很寂寞，心靈空虛。現在還會故意吃一些有嚼勁的零食，慢慢嚼、細細品嘗、享受其中，現在的我很幸福。

學員C 畫畫的地方是我的天下，在那裡待兩、三個小時卻像只花了5分鐘。凝視自己的作品，靈感來了畫幾筆，享受在其中。慧娟老師說要騰出時間獨處，我現在只要感覺煩躁、有壓力、心情不好時就走進去，欣賞一下自己的作品，幾分鐘就可以讓自己心情好轉。以前我會為了沒時間畫畫而氣自己，做事情反而很急躁，現在我不一定要畫畫，只要走進去欣賞一下就很滿足了。

學員D 家裡一直都很亂，又懶得整理，感覺很煩。現在我騰出一個空間，放上一張小板凳，疲勞時或睡前就去那裡坐坐，即便不做什麼都能讓我放鬆下來，很享受。我反而不再覺得家裡亂了，亂就讓它亂吧！有空我再整理。

學員E 年輕時很忙，嫁到三代同堂的大家族，做任何事情都受批評，30年的時間沒有自我，現在時間非常自由彈性，覺得很愉快、很放鬆，每天把做家事當作享受，修修補補、油漆欄杆、粉刷牆壁、洗刷廚房等等，事情一件一件慢慢完成，欣賞當下的自己，很愉快、很有趣。

第九章

歸屬—與他人連結

人的一生都在尋找一個歸屬，

這歸屬可能是一個家、一個志業、一項興趣，或一個對象。

歸屬是一種相互的自我給予，
所以一個人無論在人生的任何階段或做任何事，
都需要找到一個歸屬。

天主教當任教宗方濟各談到家庭的重要性時說：「若男女不相互奉獻，兩人都無法深入地了解自己。」以教會牧者與他的羊群為例，如果牧者不為他的羊群投身奉獻，他體會不到自己身為牧者的禮物與祝福，不知道自己的生命可以如何發揮；牧者所牧養的會眾若不真心對待他的牧者，也無法體會自己生命中承接了牧者所給予的禮物與祝福，配偶、情侶和知己也是如此。

我們與人是休戚與共的，我們是在人群中生活，我們屬於他人，他人也屬於我，就是因為我們需要「與他人連結才能活出自我圓滿」，因此我們習慣性的把希望放在別人身上，期待另一個人來使我感覺充實、愉快、有活力、有希望。如果你認為別人才能給你生命的活力與喜樂，你就會把心思放在取悅人和附和人上面。其實，花香自然引來蝴蝶，大海自然收納百川，預備好自己，自然有欣賞你的人；能找到自己，才能找到歸屬；有慧眼才能識英雄，成熟的自己才會看見成熟的他人。

人都需要找到可以歸屬的人、事、物

那麼歸屬到底是什麼？如果歸屬於人，就是把心放在他人身上，不會因為環境、情緒或發生任何事件而遭到破壞，並不是說我成了他的附庸，曲意自貶，受他控制，而是與所屬的人同憂同樂，同享成功，分擔失敗等等。歸屬是一種自我給予，所以一個人無論在人生的任何階段或做什麼事，都需要找到一個歸屬，一個可以把心放上去的人、事、物。歸屬不會終其一生只是一個人，難保沒有不得不分手的原因，分手之後，也絕對不要失去再次牽手的盼望。分手之後那種不知如何生活的日子，是教導我們生命轉彎的契機，必須把握。懂得轉彎才能成長。

相信在我們周遭不難發現多少人都汲汲渴望早日告別單身，找到好的歸屬，無論未婚單身或失婚重回單身，有的積極把握所有相親與交友的機會，有的只是乾著急地消極等待，即使邁入中年依舊渴望進入婚姻，這是渴望歸屬的心境。放下對婚姻或是再婚的渴望與焦急吧！開始好好經營自己目前的生活，試著在當下找到可以歸屬的一個人、一個團體、一個興趣或一個理想，將自己過得豐富而充滿生氣。以下是幾個很好的例子：

不經意看到一篇網路文章：曾經名噪一時的新聞主播陳月卿，在先生蘇起得肝癌的第二年以41歲高齡生了一個女兒，陳月卿當時只是單純地想給蘇起一個幸福感與求生的意志，沒想到在44歲那年又生了一個兒子。為了蘇起的健康，她開始研究健康飲食，竟成為飲食專家，目前是TVBS《健康二點零》的主持人，教人如何吃得健康，對先生深切的愛，讓陳月卿冒著高齡產婦的危險，選擇如此投身與歸屬。

還有一篇網路文章如此描述：一九八五年人們發現，牛津大學裡有三百五十年歷史的大禮堂出現了嚴重的安全問題，經檢查，大禮堂的20根橫梁已經風化腐朽，需要立刻更換。每一根橫梁都是由巨大的橡木製成的，而為了保持大禮堂的歷史風貌，必須使用橡木更換。在一九八五年那個年代，要找到20棵巨大的橡樹已經不容易，也許有可能找到，但每一根橡木可能需花費至少25萬美元，這令牛津大學一籌莫展，這時，校園園藝所有人來報告，三百五十年前大禮堂的建築師早已考慮到後人會面臨的困境，當年就請園藝工人在學校的土地上種植了一大批橡樹，如今每一棵橡樹的尺寸都已遠遠超過了橫梁的需要。這真是一個讓人肅然起敬的消息！一名建築師三百五十年前就有的用心和遠見。建築師的墓園早已荒蕪，但他的影響還沒有結束。如今，這樣一個故事能給我們什麼啟示呢？盡可以去聯想一系列的詞彙——持續，資源、長久、環境……但這些都顯太弱，可能只有一種力量會持續，那就叫「責任」。這篇文章居然沒有提及這位建築師的名字，人可以被遺忘，名字可以不被提及，責任卻讓這位建築師有了深刻的投身與歸屬，讓他的作品綿延留長。

人稱「鋼鐵大王」的安德魯．卡內基是蘇格蘭裔的美國人，白手起家建立鋼鐵公司，數十年的時間保持世界最大鋼鐵廠的地位，與「汽車大王」福特及「石油大王」洛克菲勒並立，是當時美國經濟界的三大巨頭之一，功成名就後，他將幾乎全部的財富捐獻給社會。他生前捐贈款項之巨大，足以與死後設立諾貝爾獎金的瑞典科學家、實業家諾貝爾相媲美。就在事業最顛峰的33歲那年，他在日記上寫下：「年33，年薪5萬美金，再過兩年就可以將所有事業安頓好，不用吹灰之力就可以賺大錢……人必須要有一個偶像，積蓄財富是最差的偶像，沒有任何事情比拜金低俗，所以我必須小心選擇最能提升人格的生活方式。」直到他一九二〇年去世，這30年間，他把一生財富的90%用在公益事業上。社會資源共享的理念讓安德魯．卡內基選擇如此投身，歸屬於社會上的弱勢族群。

以下再引用一段文章：「當我帶著燃燒般的嚮往，走進趙蒙席的往事回顧當中時，我那對禮儀喜好的情愫，一再地被趙蒙席熱愛禮儀的精神翻動著，而與他們擦撞出無數的禮儀情牽。著作裡40年前的記憶中事，突然間成為清晰得讓心底不斷激起熾熱的衝動，而成為無法不去迴盪的生命底事。嗯！前輩們對天主召命的執著與盡心，顯然也是我心之所趨。」這是天主教禮儀學家潘家駿神父，在慶祝禮儀專家趙一舟神父晉鐸(作神父)時，於鑽石慶專刊上發表的一段文章(天主教周報二〇一五年四月十二日出刊)。這是兩位天主教禮儀學家潘家駿神父與趙一舟神父，因共同理想與愛好，而產生的生命迴盪、生命歸屬。

同期的一篇文章《牧靈心、禮儀情》是趙一舟神父的訪談，其中神父自訴：「成為神父3個月之後(神父在菲律賓被祝聖為神父)，我去巴黎念書，先念了牧靈研究所，再念禮儀研究所。讀完之後在馬尼拉剛成立的東亞牧靈研究所(EAPI)從事翻譯、寫作、教書等工作。

一九六七年應當時的台北郭若石總主教之邀，到台灣待了9個月，編寫《教理新編》，然後又回馬尼拉。差不多再過了10個月，台灣主教團禮儀委員會需要人手，郭總主教又邀請我回來擔任禮儀委員會的祕書。當時梵蒂岡大公會議剛剛結束，而其中有一個非常重要的議題就是禮儀革新，許多文件需要翻譯成中文。這份工作直到今天已經持續了40年，還沒有做完，現在還繼續撰寫中。《禮儀憲章》提到：『禮儀是我們生活的重心，我們傳教的力量也是從禮儀而來。』我全心投入在禮儀工作中，所思所想的就是牧靈的需要，即如何讓教友了解禮儀的意義……我很感謝天主一路帶領，覺得祂對我有一個計畫。念了禮儀研究所，來到台灣主教團工作，一下子就是40年。『40年』是一個《聖經》的數字，來自《出谷紀》（即基督教聖經的《出埃及記》），主要說明天主如何照顧祂的選民，平平安安地度過40年。」

趙神父寫了一條禮儀革新的路，89歲高齡的他還說：「工作還沒做完，還要繼續做下去。禮儀革新尚未完成，還要繼續再努力，特別是培育人才。」我們常常戲稱禮儀是趙神父的女朋友，是他心之所寄、情之所繫的最愛，他一輩子埋頭在台灣主教團不到5坪大的辦公室中苦幹40年，也樂在其中，這就是神父為之投身與歸屬的理想與使命。最後，趙神父於二〇一五年十二月十七日回歸天家。

懷抱熱情，放手去做真正想做的事

等待的焦慮會徒增心靈的空虛，所以不要等待，而要把焦點放在如何過好眼前的日子，健康地活在當下。與人連結，我們需要一個使命、一個目標、一個理想，這是引導我們尋找連結的方向。當我們被枝微末節牽絆的時候，就會變得狹隘又充滿恐懼，但方向感讓我們把狹隘的眼光放遠，抬起頭來，充滿自信與希望地瞄準前方，方向感讓我們採取行動、散發熱情。

心理學家艾利克森提出人生八大階段的理論，他認為中年階段要發展的任務是生產、創造，他說的生產、創造絕對不只是說生兒育女而已，那是一種孕育感，為人孕育出心靈的力量，助人產生朝氣、活力、創意等等，我們所投身的對象會因為我們的給予、付出或傳承而被孕育與茁壯，當一個女人(男人)不能成為母親時，她(他)的母性能量可以讓他成為更多人的母親。我們滋養、支持、保護、關心的能量，絕對與生理上的母親有過之而無不及。孕育感讓我們滿懷熱忱、散發喜悅、充滿活力，用自己的生命為生命投身，點燃、鼓舞他人的生命，成為他人生命的祝福。

先投身吧！放膽去想、去說、去做你喜愛的事，走在街上、走進店裡、在別人身上尋找你喜愛的事；讓自己的心變得敏感、有覺察力：例如，我喜歡這個髮型、這個活動、這套衣服、這首歌、這個城市、這棟房子……寫下你喜歡的一切，食物、衣服、書籍、電影、餐廳、顏色、植物、動物等等，不一而足。懷抱熱情所做的事會做得特別好，所以趕快找到熱情在哪裡：旅行、運動、烹飪……選擇你所愛的、愛你所選擇的、對你所選擇的長期付出關注、時間、精力與所有資源。先給自己一個選擇，並為自己所選擇的做出承諾，信守諾言努力實踐，不要半途而廢。信賴自己的判斷力，並勇敢走向自己的決定。我們必須能與自己親密相處，建立自我特質，了解自己的感受、喜好與欲望，知道自己要在哪裡投身，否則不可能與別人建立親密歸屬的關係。

小琪(化名)因為轉換工作而搬家，隨便找個離公司較近的房子就住進去了，因為期待早日找到歸宿而搬離，所以並未刻意裝潢布置，很多裝箱的東西也未拆箱，不知不覺幾年也過去了。最近因為工作關係接觸到室內設計，發現自己對室內設計的興趣，她開始注意家裡的裝潢、布置、油漆顏色，開始注意街上人家的住宅，開始逛大賣場欣賞各式家具寢具，想像自己喜歡的居家環境，最後她決定自己設計，請工人來重新打造自己的家、添購新家具。慶祝新居落成之後，時常請朋友到家裡聚會，從此整個人活了起來，反而窩在家裡的時間變少了，參加的活動變多了，時常三兩好友出去逛街、出國旅遊。之前覺得隨時要告別單身而搬離這間房子，並不想刻意裝潢或整理，自己將就過日子，也不敢請朋友到家裡來，現在找到了對這個家的投身與歸屬，雖然不知這個投身有多久，但肯定是深刻的。

再從《康健雜誌45期》（二〇一一年六月二十二日，作者：吳若女）節錄一段文字：「福特六和汽車的顧客服務處副總張偉昌一如往常，開車回泰山的家，經過泰山收費站時，車子全部減速前行，不一會兒，就大排長龍，這時收音機卻傳來優雅的爵士樂，是Louis Armstrong的經典之作《What a Wonderful World》，磁性低沉的嗓音，像是在訴說人生的蒼涼與辛酸，內容卻是不斷重複人生有多美好。頓時間，張偉昌緊繃的心全放了下來，他告訴自己，就快要到家了，不要再煩惱工作，要讓自己放輕鬆。從此，他愛上爵士樂，更愛上在車裡、那只屬於自己的私密空間品味爵士。慢慢地，張偉昌不再匆匆忙忙、從這地趕赴那地。從事顧客服務多年，一直推廣車內生活品質的他，也以同樣的心情經營自己的愛車：清晨時分，會在車裡放上一點薄荷精油，為自己提神醒腦，傍晚，則在迷迭香裡混些薰衣草，舒緩身心。在車裡，他會和自己對話，整理思緒，甚至會唱歌給自己聽，和著唱出的快樂，紓解壓力。」這個小小房車，就是副總張偉昌眼前的小小歸屬。

在真正屬於自己的空間中獨處，找到歸屬

尋找歸屬。「家」應該是你第一個歸屬的地方，殘酷地說，由於種種原因，家人不幸成為我不願意尋求歸屬的人，無論如何，你還是可以營造一個可以自我歸屬的「家」(即便只是一個屬於你的房間)，因為家是可以讓你卸下武裝、踢掉高跟鞋、做真正的自己、與自己深刻聯繫的地方，家也是你與朋友聯繫，隨時開門歡迎朋友進來而不覺得有壓力的地方。家更是你個人的延伸，所有的擺設都提醒你曾經有過的人生經歷，所以即便你還單身，家也不能只是等著

搬出去的地方。精心打造你的家，放入你最珍貴的物品：照片、禮物、紀念品、獎品、喜歡的藝術品、書籍等，讓它們豐富你自己。享受屬於自己的空間可以增加自我存在感，這個空間提醒我們在與他人連結時，也不必失去與自己的連結。

其實，在我們所選擇投身的對象中，多少有一點自身的故事，表露了我們的性格、特徵和容貌，所以會有一見如故的感覺。投身是一份達己達人、與人共享的使命，是答覆一份自己與他人都得益的召喚，如果是一群人答覆同一召喚，那就是在對方身上碰觸到自己內在所擁有的理想，那一個碰觸是一種對自我理想的確認，自然有一股神祕的吸引力，油然而生的歸屬之情，伴隨而來的是一種喜悅與豐盈。他人、團體、社會、歷史、文化等都是吸引人歸屬的元素，在其間彼此歸屬，共同承擔發展與成長的責任。所以達成共識是使人敢投身的勇氣來源。想結婚的人首先對自己的結婚意念、價值觀、自我藍圖等等有所了解，不但要自我了解，也要與結婚的對象彼此了解並達成共識。一個決定單身者或成為修道人，也必須清楚自己的意念，並與選擇投身的理想或對象達成共識，使之成為心誠意尊的生活方式。

與他人連結，信任的關係十分重要

投身，多少會令人怯步，因為愛與恐懼是一體兩面，愛越大，害怕失去愛的恐懼就越大，兩者的核心都是信任，信任越大，愛就越大，面對恐懼的力量也越大。選擇投身時，不要讓恐懼超過信任。要培養信任，讓兩人可以一起面對恐懼、發現問題，並一起努力找到解決的方法，找到兩人相連結的地方。「真相」要在兩人的關係中受到重視，才能塑造出開放與信任的氛圍，使兩人不斷找尋通往對方的橋梁，也找到維繫彼此的連結。我們需要完整，但不是完美，完整表示接納自己與他人的優點與缺點，這就是真實。

雖然我們必須與他人產生連結，但我們必須在與他人連結時，仍然繼續與自己保持連結。健康的兩人關係是在「我們」之間，仍然存在著獨立的個體。任何一方失去自己的個體性，就無法創造出兩人的交流、共融與歸屬。在任何關係中我們都不能放棄自己，或要求對方放棄自己，以下用插圖表達。我們都必須記住，越能獨處的人越能與人產生歸屬；越知道自己是誰的人，越知道自己該與誰歸屬，也越敢於投身。

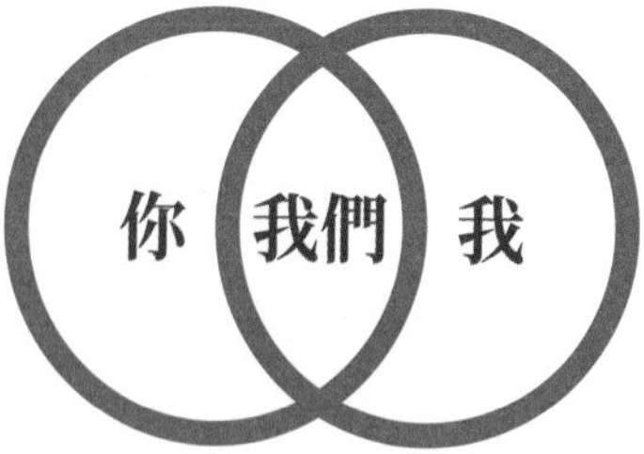

兩個相互歸屬的「我們」，仍然存在著個體，認識「我」是誰之後才能認識「我們是誰」，能獨處而怡然自得，才能發展親密關係。

自我探索時間

找到歸屬

華德迪士尼(Walt Disney)說：「如果你夢想得到，你就做得到」，勇敢作夢吧！

才華與天分藏在日常瑣事中，現在就嘗試從日常瑣事中找到一、兩項喜歡做的事，並勇敢投身，用熱情把日常瑣事加溫，有溫度的人才能找到歸屬。只要發自內心、心甘情願去做，最不吸引人的日常瑣事也會變得令人興奮。如果現在你無法找到一件可以投身、可以盡心盡力去做的事，什麼時候你才能夠找到一位可以全然投身的人呢？今天就下定決心，找到一件自己喜歡做的事，把精力投注下去，熱情將隨之而來。當你可以完全的愛自己、滿足自己、根本不需要依賴另一個人時，你身上充滿的是吸引蝴蝶的花香、收納百川的容量。

【寫下你的自我探索】

學員分享時間

我的歸屬

學員A 以前在我情感受傷時，爸爸的朋友正好送他一隻小鳥，我把心思放在牠身上，每天教牠說話，照顧牠，覺得心裡溫暖了，感覺被撫慰。結果爸爸粗心大意，沒關好鳥籠讓牠飛走了，我感覺失去依靠，又開始迷惘；原來這也是一個歸屬。現在我參加一個青年團體，我在裡面幫忙，感覺很踏實，又可以學會做人處事，我要把這個團體當作歸屬，盡力做好我該做的事，不要老是坐在那裡渴望有一個屬於自己的家。

學員B 以前都覺得工作好累，計較同事不做事、工作都落在我身上，現在我把自己歸屬於我的工作，我用欣賞自己的態度做事，感覺事情輕鬆許多，也就不在乎別人做不做了。這一個歸屬的感覺讓我踏實多了，也覺得自己有用，很得意我自己是公司的一個小小螺絲釘，缺我不可。

學員C 我是一個助人工作者，助人的過程中讓我覺得很有意義、很有價值，看到個案的成長和改變也讓我很感動，這是我生活的活力來源。但我從沒有想到把這份工作當作我的歸屬，而是一直在期待我的白馬王子出現。現在我選擇歸屬於我目前的工作，將自己全然投入，讓自己篤定下來。

學員D 以前先生不陪我，只顧自己出去找朋友聊天，我常常對他抱怨，也常常因此而被罵，我都很難過，也懷疑先生不愛我，原來當時我不知道如何獨處，總期待先生對我好。信主之後我參加了教會的一個團體，我很喜歡這個團體，感覺心情篤定許多，不再抱怨先生不陪我，原來這叫做歸屬。現在我做任何事情，不論家事也好，工作也好，教會活動也好，我都盡情投入，自己找機會發揮我的能力。現在比以前還忙，時間好像都不夠用，但我卻更充滿活力、愉快而健康。

第十章

迎向美好的歸屬關係

活出真實的自己，

才能找到內心摯深渴望的歸屬。

愛從看到自己與他人的真實開始！
面對真實，
會讓彼此的情感真誠而整全。
這真實的愛，
讓雙方有了深深的美好歸屬。

認知行為治療法的心理學家亞倫貝克(Aaron Beck)提到人有自動化思考，一個獨特的情境會引發特定的想法，快速而毫無意識地牽動出特定的情緒。這些自動化思考就是在成長過程中學習而來，舉例來說，受傷的童年會造成自我存在感缺乏，當他向人打招呼而對方沒反應時，會自動化的引發不被愛、不被重視、自己沒有用的感覺，其實對方也許只是單純的沒看見而已。人的自動化思考還制訂了一套法則要求別人遵循，如果別人沒有呼應或吻合你的自動化思考法則時，挫折、憤怒、失望就不自覺地油然而生，形成惡性循環。即便吻合了，一時興奮不已，但很快就變成焦慮、不安、害怕失去，於是用更大的力氣執著於自己制訂的法則。現在既然我們已經一一檢視過影響自己情感發展的因素，今後就要不斷將它套入各種的人際互動中，好能有效地修正、調整這個自動化思考。

深刻歸屬建立在彼此真實的關係上

愛猶如一個交響樂，是不同的樂器所發出的獨特而無法取代的聲音，但它們卻是和諧的。「愛」讓你看得見周遭的每個人、每件事及物的獨特性與和諧。「愛」也讓你對帶著負面情緒的人有一份寬容、溫柔與慈悲。一開始我們提過，既然「互為幫助者」是人天生的命定，與人產生連結、互為歸屬是生命的圓滿，而與人歸屬首先需要知道如何獨處，意思就是我們必須先知道自己的獨特性，才能與那個獨特的人產生連結。換句話說，「愛」真的不只是卿卿我我、很有感覺、很來電而已，愛要由「看到自己與他人的真實」開始。在面對自己與對方的真實時，我們的情感關係才會是真誠的、自在的、互惠的、共融的、成全的，這種愛讓雙方有了深深的歸屬。如果在一個關係中充滿了掌握、控制、占有、執著、焦慮、害怕、忌妒，這關係不可能有深刻的歸屬。

剛過去的夏天，我們修會全體修女到彰化靜山靈修中心，進行一年一度的年退省(天主教傳統靈修方法之一)，遇到了多年不見的靈修大師徐可之神父，神父曾經是我們團體的神師，也是我個人的神師，我們都珍惜這次的相遇，於是會長請他在退省的最後一天晚上為我們講幾句話。神父說：「就跟大家談談我們的修道生活吧！我們一輩子在修道院中，如今都老了，我們都要老實說(捫心自問)：我真的死心塌地的跟隨祂了嗎？我真的打從心底相信耶穌就是那位愛我的主嗎？我真的心中有祂嗎？真的唯祂是屬嗎？到了這個年齡我還在忙什麼嗎？還有什麼抓住不放嗎？」修女問：「我們牢牢抓住祂，如何在團體生活中表現出來呢？」神父答說：「如果我心中有祂，我為祂而忙，我也相信祂天天與我同在，我會活得喜樂而豐富，否則自以為是的忙著，忙到後來我們發的三願(修道人誓發貧窮、貞潔與服從三願)變成三怨。」修女又問：「如果我們心中有祂，我們如何面對衰老和病痛？」神父答說：「如果我們心中有祂，也相信祂就是愛我的那一位，那麼，祂給我的我都能接受，即便衰老和病痛，我也會在安靜中等待與祂會面的那一天。」這一席話道盡了修道人的歸屬。如果我們愛祂，也願意為祂所愛，我們就知道這輩子該心寄何處！該為誰辛苦為誰忙！

有一位朋友告訴我，當她將我的上一本書《自我察覺心靈練習本：專注與靜心的10堂課》送給了孫達神父時，神父接過書說：「洛陽紙貴！黃修女無論到哪裡都能生活得很好，無論做什麼事都能做得很好。」這話傳到我耳裡，突然頓悟目前的我該與誰歸屬。話說從前，當我念完了家庭輔導碩士之後，在輔仁大學做輔導工作，心想我可以做到退休了，沒想到孫達神父卻來找我到竹東，他一手創辦的世光教養院，希望我接院長的工作，這讓我好生猶豫，因為我知道在身心障礙機構工作非常忙碌，我念的是特殊教育，從年輕就一直在特殊教育領域中工作，長時間的忙碌與操心，讓我從年輕就一直有個內在衝突，常常自問：「修道要修得那麼忙嗎？」所以也一直渴望屆齡退休，好能退隱山林(修院)專務靈修。雖然如此，忙碌於行政工作之餘，我還是記住耶穌的教導：「你們為我最小兄弟做的就是為我做」，因此盡心盡力關懷照顧這群小兄弟，全然歸屬於這群小兄弟，也歸屬於那些與我一起並肩工作的同工。在這個歸屬中，我也深深體會到我們都在互相造就對方的生命。但實在太忙了，不免影響我的修道生活，如今退休了，大部分時間就是備課、上課，或者陪伴、傾聽、關懷、傳承，很單純，不用操心於行政工作，有較多的時間靜心於自己的靈修。但是退休之後工作突然少了，步調突然慢了，好像有點失去價值的感覺，再加上不時有些知道我過去背景的老朋友，前來邀請我再接管理工作，這對我而言太熟悉了，常讓我蠢蠢欲動，誘惑真大。孫達神父的一句話：做什麼事都做得很好。讓我篤定了下來，我知道現在要歸屬於誰——就在我每天所接觸的人、地、事、物上，把我的心全然獻上，把事情做好。

先從小事上找到歸屬，終將尋得生命至深的歸屬

我們如果學會安處現況，把心放上，好好地生活、好好地工作，歸屬感將會油然而生。如果你還未找到該歸屬於誰，停止把你的精力浪費在搬家、換工作、修飾你的外表、打造你的交友圈等等。

走書至此，相信你已經對自己的情感發展有了一個清晰的輪廓，這就是真實的你，就從這裡開始吧！真實就是完整，雖然不完美但是完整的，不管是對是錯、是好是壞都是真實的你。就從這個真實開始，眼前先找到一個小小的歸屬，慢慢地就可以找到生命中真正的核心歸屬，不要等待遠大的目標與理想，因為不從小處開始的話，永遠找不到遠大的目標。有句話說：「明白你所處的黑暗，你就知道如何迎向光明。」一切都必須由面對真實開始，明白你的心、你的情，你就

知道你該心寄何處，情歸何方，你就可以找到深深的歸屬。例如：如果帶著你的慈悲，接納自己與別人的軟弱、限度與缺失，這樣，任何被你慈悲吸引的人，也將前來與你結伴，與你展開同行的旅程。從今天起，遇到任何問題不要問理由，不要找藉口，只要告訴自己：改變一點點就好。不要被過往限制，勇敢改變一點點，重複練習，直到養成習慣。

慧娟老師最後的叮嚀

我們已經知道我們目前的許多行為表現、認知思維與心緒都受到成長背景的影響，個人感受與客觀事實也許完全不一樣，所以要不斷地告訴自己：我要試試以新的思維、新的行動、新的感受來面對自己和他人。這是唯一可以跳出舊框框的辦法，只要一點點不一樣的行動就能改變自己，讓自己變得更好。例如：我覺得我很堅持，告訴自己：這是成長背景養成的，我現在可以不必那麼堅持。擔心太多，就告訴自己：放心做做看再說。不敢分享，就告訴自己：我坦承說出自己，別人可以不接受。

附錄：不健康的戀情(人際互動)有幾個跡象

- 你必須小心翼翼，怕犯錯而惹他生氣。
- 你試圖改變自己、放棄原則而討好對方。
- 你必須壓抑自己以遷就對方，深怕失去他。
- 你常存著幻想，自我安慰：事情很快會好轉。
- 為了維持關係你什麼事都願意做。
- 他(她)一直避談小時候、與家人的互動、求學經驗及交友經驗、心思太重、步步為營。
- 他會要求你放棄你的工作、興趣、朋友，時常糾正你的穿著、說話方式、做事方法。
- 他非常堅持他的意見、想法、信念等，很難接受新觀點、學習新事物。
- 他思想較偏激、負面，很容易抱怨、使性子、怪罪別人、常換工作、為利是圖、輕諾寡信。
- 他占有欲強、愛吃醋、不夠信任，對你們的關係沒有安全感，一直要你保證你在乎他。

不是要找一個完美的人，但要懂得拒絕不能欣賞你的人！

可以獨處，也可以親密／重塑情感關係的十堂課

黃慧娟　作者

張芳玲　總編輯
張焙宜　主編
黃　琦　文字校對
陳淑瑩　封面設計
何仙玲　改版設計

太雅出版社
TEL：(02)2368-7911 FAX：(02)2368-1531｜E-MAIL：taiya@morningstar.com.tw 郵政信箱：台北市郵政53-1291號信箱｜太雅網址：http://www.taiya.morningstar.com.tw｜購書網址：http://www.morningstar.com.tw｜讀者專線：(04)2359-5819 分機230

出版者：太雅出版有限公司｜台北市106017大安區辛亥路一段30號9樓｜行政院新聞局局版台業字第五〇〇四號｜法律顧問：陳思成律師｜印刷：上好印刷股份有限公司 TEL：(04)2315-0280｜裝訂：大和精緻裝訂股份有限公司 TEL：(04)2311-0221｜初版：西元2016年06月01日｜二版一刷：西元2022年03月01日｜定價：320 元｜（本書如有破損或缺頁，退換書請寄至：台中工業區30路1號 太雅出版倉儲部收）｜ISBN 978-986-336-421-4
Published by TAIYA Publishing Co.,Ltd.
Printed in Taiwan

本書改版自《找到歸屬心靈練習本：心寄何處，情歸何方》，由作者親自增修內文、自我探索時間練習題，供讀者進行自我探索有更美好的收穫。

可以獨處,也可以親密：重塑情感關係的十堂課/黃慧娟作.
-- 二版. -- 臺北市：太雅出版有限公司, 2022.03
面； 公分. -- (熟年優雅學院；49)
ISBN 978-986-336-421-4(平裝)

1.CST: 自我實現 2.CST: 自我肯定
177.2　　110021959